EDUARDO ZUGAIB

PLANO DE TRABALHO PARA TODA VIDA

Dez "pouquinhos" diários para uma vida mais feliz

DVS EDITORA

www.dvseditora.com.br
São Paulo | 2020

PLANO DE TRABALHO PARA TODA VIDA

DVS Editora Ltda. 2020 – Todos os direitos para a língua portuguesa reservados pela Editora.

Nenhuma parte deste livro poderá ser reproduzida, armazenada em sistema de recuperação, ou transmitida por qualquer meio, seja na forma eletrônica, mecânica, fotocopiada, gravada ou qualquer outra, sem a autorização por escrito dos autores e da Editora.

Design de capa: Rafael Brum
Projeto gráfico e composição de miolo: Renata Vidal
Revisão: Fábio Fujita
Foto do autor: Patrícia Rosa

```
          Dados Internacionais de Catalogação na Publicação (CIP)
                 (Câmara Brasileira do Livro, SP, Brasil)

     Zugaib, Eduardo
        Plano de trabalho para toda a vida : dez
     "pouquinhos" diários para uma vida mais feliz /
     Eduardo Zugaib. -- São Paulo : DVS Editora, 2020.

        ISBN 978-85-8289-233-6

        1. Atitude - Mudanças 2. Conduta de vida
     3. Disciplina 4. Felicidade I. Título.

 20-34473                                         CDD-158.1
```

Índices para catálogo sistemático:

1. Atitudes : Mudança : Psicologia aplicada   158.1

Cibele Maria Dias - Bibliotecária - CRB-8/9427

Nota: Muito cuidado e técnica foram empregados na edição deste livro. No entanto, não estamos livres de pequenos erros de digitação, problemas na impressão ou de uma dúvida conceitual. Para qualquer uma dessas hipóteses solicitamos a comunicação ao nosso serviço de atendimento através do e-mail: atendimento@dvseditora.com.br. Só assim poderemos ajudar a esclarecer suas dúvidas.

SUMÁRIO

INTRODUÇÃO **7**

FAÇA O QUE É CERTO,
NÃO O QUE É FÁCIL.
O nome disso é ÉTICA. **29**

PARA REALIZAR COISAS
GRANDES, COMECE PEQUENO.
O nome disso é PLANEJAMENTO. **37**

APRENDA A DIZER NÃO.
O nome disso é FOCO. **45**

PAROU DE VENTAR, COMECE A REMAR.
O nome disso é GARRA. **53**

NÃO TENHA MEDO DE ERRAR,
NEM DE RIR DOS SEUS ERROS.
O nome disso é CRIATIVIDADE. **61**

SUA MELHOR DESCULPA NÃO PODE
SER MAIOR QUE O SEU DESEJO.
O nome disso é VONTADE. **69**

NÃO BASTA TER INICIATIVA. TAMBÉM É
PRECISO TER "ACABATIVA".
O nome disso é EFETIVIDADE. **77**

SE VOCÊ ACHA QUE O TEMPO VOA,
TRATE DE SER O PILOTO.
O nome disso é PRODUTIVIDADE. **85**

DESAFIE-SE UM POUCO
MAIS A CADA DIA.
O nome disso é SUPERAÇÃO. **93**

PARA TODO GAME OVER,
EXISTE UM PLAY AGAIN.
O nome disso é VIDA. **101**

EPÍLOGO **113**

SOBRE O AUTOR **118**

*Para Therezinha, minha mãe,
a pessoa que entende a felicidade como
um processo mais do que ninguém.*

INTRODUÇÃO

UM CONVITE À CONSCIÊNCIA E À PRÁTICA DA TAL FELICIDADE

Estou bastante feliz por você estar aqui. Mas, antes, preciso deixar um aviso: se você busca uma fórmula de sucesso, lamento: vou decepcioná-lo. Este livro não traz uma fórmula, um passo a passo, "cinco dicas de como fazer" ou outro fast-food motivacional que você deve ter lido em outras capas que havia próximo a ele.

O que ele traz é um convite. O convite para um processo a ser empreendido diariamente, de modo a tornar os dias melhores não apenas para se viver, mas, principalmente, para se sentir vivo e realizado.

A razão deste livro não conter uma fórmula é simples: não acredito em fórmulas de sucesso. Para mim, o maior indicador de sucesso é a felicidade, e diante da grandeza, da subjetividade e da filosofia que esse assunto requer, prefiro deixar as fórmulas para ciências mais exatas, como a matemática e a física.

Em que acredito? Atitudes. Esse é o convite que o *Plano de trabalho para toda vida* carrega em si. Um convite à consciência e à prática de uma descomplicada filosofia de vida, resumida em dez pequenas atitudes. Ou, se preferir, dez "pouquinhos" diários, uma pequena disciplina cotidiana que pode fazer uma grande diferença na construção de uma vida mais feliz, tenha essa felicidade a forma, o tempo e o espaço que você desejar.

Disciplina é uma palavra que assusta, não? Mas é ela que nos leva a uma rota de melhores resultados, a uma jornada pessoal com mais propósito e mais protagonismo real, mesmo num mundo no qual centenas de milhares de perfis em redes sociais transmitem, a cada 15 segundos, capítulos de um *reality show* pessoal de sucesso, prosperidade, autoestima elevada, padrões de beleza, "bons drinks" e baladas, muitas vezes disfarçando estruturas emocionais frágeis, que se evidenciam a cada comentário negativo ou pela perda de seguidores.

Por não acreditar em fórmulas, quando o assunto é o comportamento humano e todas as suas variáveis, tracei para mim mesmo, há alguns anos, aquilo que seria um plano de trabalho para toda vida, um encadeamento de princípios que servisse como um lembrete contínuo para o desenvolvimento de cada uma das dimensões da nossa complexa química humana: a intelectual, a emocional, a corporal, a relacional e a espiritual. Um lembrete permanente, que eu pudesse carregar comigo e que, para minha surpresa, vem impactando milhões de pessoas ao redor do mundo.

Essa pequena trilha de atitudes tem sua origem em um conteúdo anterior: meu outro livro, chamado *A Revolução do Pouquinho: pequenas atitudes provocam grandes transformações* (DVS, 2014), trabalho que se transformou em plataforma de desenvolvimento humano e organizacional e pelo qual atuo profissionalmente por meio de palestras, workshops e treinamentos para os mais diversos momentos das organizações.

Dentro da *Revolução do Pouquinho*, que possui outras tantas trilhas de atitudes dirigidas, o *Plano de trabalho para toda vida* era chamado de *Trilha da excelência pessoal*.

Em dezembro de 2015, publiquei em minhas redes sociais uma despretensiosa mensagem de fim de ano, comentando cada atitude dessa trilha.

Para minha surpresa, e encurtando a história, nascia ali um dos maiores casos de viralização de conteúdo da história da internet no Brasil e que, gradativamente, avança para outros países.

É uma verdadeira Revolução do Pouquinho, que tem ajudado muita gente a transformar a felicidade em um processo menos dependente de eventos e muito mais sustentável no dia a dia.

O convite que faço agora a você, que provavelmente recebeu e até compartilhou alguma versão sem crédito do *Plano de trabalho para toda vida* em suas redes sociais ou aplicativos de mensagem, é percorrer esse caminho com um pouco mais de consciência e aprofundamento, para compreender a felicidade como um processo contínuo, pontuado por eventos que, desejados ou não, sempre marcarão nossas vidas.

Nascemos para viver.

Vivemos para aprender.

Aprendemos para viver melhor, enquanto a vida anima a nossa matéria.

Aprendemos também para poder "morrer melhor", de forma tranquila, conscientes da jornada que empreendemos, e cujo impacto será (re)conhecido pelos que ficam como o

NA ESCOLA DA VIDA,
OS **INTERVALOS**
PROVOCAM MAIS
E ATÉ MAIORES
APRENDIZADOS
QUE A AULA EM SI.

◉ eduzugaib

nosso legado, independentemente daquilo que acreditamos em termos metafísicos após a morte.

Perdoe-me a falta de eufemismo para tratar desse assunto ainda delicado que é a impermanência e finitude humana, evocada por aí por meio de expressões otimistas, como *partir desta para melhor*; passando por outras menos discretas, como *abotoar o paletó* ou *bater as botas*; ou irônicas, como *ir morar na cidade do pé junto*; tranquilizadoras, como *cumprir sua missão*; e avançando até onde a criatividade e o humor humanos alcançam.

Nessa jornada de aprendizado diário que a vida nos traz, é fundamental cercar-se de atitudes e valores que permitam, acima de tudo, viver uma vida de princípios e, ao mesmo tempo, construir resultados.

Uma vida na qual possamos, conscientemente, minimizar os impactos negativos de nossas ações, buscando a realização positiva, o legado construído de forma consciente e intencional, norteado por um propósito claro e declarado acerca das dores que aliviamos ou curamos no mundo a partir do nosso campo de ação.

Do momento em que nós, ainda na infância, nos percebemos como indivíduos pensantes, passamos a ansiar diariamente por uma vida mais plena de realizações. Uma vida na qual possamos experimentar ao menos um pouco daquilo que imaginamos ser a felicidade.

Desde então, a busca por essa tal felicidade é algo que movimenta nossas vidas, tornando-se mais aparente, e bem menos subjetiva, nos eventos que a pontuam. Os eventos resumem aquelas datas que acabam servindo como marcadores temporais dos diversos ciclos que atravessamos ao longo desse estado de impermanência chamado vida.

A vida, por sua vez, nos apresenta esses marcadores por meio de um intenso dualismo, pontuando o tempo com fatos e movimentos antagônicos.

São ganhos que nos fortalecem. E também são perdas que, por sua vez, expõem toda nossa vulnerabilidade e condição humana, que podem se dar na forma de eventos como:

- O primeiro grande amor, que também pode ser a primeira grande decepção;

- O primeiro beijo, que também pode ser o primeiro tapa na cara;

- A perda de um ano ou semestre na escola em contraponto à nossa formatura;

- O primeiro campeonato, que também pode representar a primeira fratura óssea;

- Um trabalho novo, precedido ou sucedido por uma demissão traumática;

- Um porre gigantesco, tentativa frustrada de afogar no álcool alguma mágoa pungente, em contraposição a algum jantar especial, em companhia de gente querida;

- Viagens de férias, alternando-se com o Natal sem dinheiro de um ou mais anos;

- A alegria da chegada de um filho, confrontada com a dor da partida de um pai.
- A vontade de ficar em casa versus a obrigatoriedade de uma quarentena.

Fiz questão de expor esses dualismos para lembrá-lo da aleatoriedade que permeia nossas vidas, a qual você acostumou-se desde criança a chamar de "sorte" ou "azar". Negá-la, ou dizer que tudo é fruto de um pensamento positivo calibrado, perdoe-me a falta de jeito, mas é coisa de mentes limitadas ou que insistem na autoilusão em um mundo que é bastante real, repleto de azares de toda ordem. Acreditar que se muda essa aleatoriedade apenas com um forte pensamento positivo, alimentado em eventos performáticos, é algo bastante questionável.

Afinal, a grande maioria dos participantes desses encontros não vive eternamente, não conquista seu primeiro milhão antes dos 25 anos, tampouco se torna celebridade, apenas para ilustrar situações às quais se costuma atrelar a felicidade. Se não acontece nada "é porque você não pensou positivo o suficiente ou não fez o passo a passo do jeito que o guru ensinou", jogando sua chance de sucesso, mais uma vez, na valeta da subjetividade, ou nas letras miúdas do contrato que você não leu, mas que prometia seu dinheiro de volta caso não acontecesse nada.

Nossos "eventos pessoais" resumem-se a dias de conquistas, quando transbordamos alegrias, alternados com dias dolorosos, que nos lançam em profundos questionamentos e movimentos de luto diversos.

Cada qual na sua intensidade, deixando marcas temporais gravadas em cores intensas nas paredes da sala de nossa história.

Os dias em que celebramos ou testamos os nossos limites humanos estão espalhados entre as dezenas de milhares de outros dias da nossa jornada. E é deles que vamos falar, pois é neles em que o *Plano de trabalho para toda vida* precisa vigorar com mais intensidade. Mas, antes, tenho uma pergunta: Você está passando pela vida ou a vida está passando por você?

Após ter lido os exemplos que descrevi, você deve ter identificado alguns que marcaram sua vida por pura similaridade, ou se lembrado de outros por ter atribuído a eles o status de marcador temporal.

Agora, farei uma provocação: liste todos os grandes eventos — positivos ou negativos — que marcaram sua vida e perceba que eles aconteceram numa proporção bastante reduzida dos demais dias que você já viveu. Por exemplo: a sua formatura aconteceu, ou acontecerá, especificamente em um dia, ponto máximo de uma jornada que durou, ou vai durar, uma infinidade de outros dias.

Como exemplo, vamos imaginar uma vida hipotética de oitenta anos, o que representa pouco mais de 29 mil dias vividos.

Dentre eles, arrisco dizer, intuitivamente, que no máximo uns duzentos dias serão marcados temporalmente pela alegria transbordante ou pela dor profunda de fatos ou eventos como os que abordamos, que acabam por dividir a vida em "antes" e "depois".

Os outros hipotéticos 28.800 dias são de visualização, planejamento, execução, adaptação ou comemoração, aos

VOCÊ ESTÁ PASSANDO PELA VIDA OU A **VIDA** ESTÁ **PASSANDO** POR VOCÊ?

@eduzugaib

quais damos um nome que enfraquece seus registros em nossa memória: rotina.

É destes outros dias de que trato aqui, no *Plano de trabalho para toda vida*. Sim, estamos falando de todos os demais dias de nossas vidas, os dias de processo, nos quais construímos as mudanças que queremos ou nos adaptamos àquelas que não queríamos, mas que aconteceram e nos atordoaram em nossa história.

São nestes dias que somos testados em nossa resiliência, em nossa perseverança e em nossa capacidade de planejar e executar. Olhando para a curva de história que já vivemos, são dias em que aparentemente nada aconteceu, muitas vezes ficando para trás sem grandes registros ou lembranças.

Enquanto nos dias em que acontecem os eventos marcantes ficamos em um estado inebriado, seja pela alegria que transborda e que os transforma em datas que não gostaríamos que acabassem nunca, seja pela tristeza ou pelo desespero que nos aflige, e que, por isso gostaríamos de esquecê-los o quanto antes (como se isso fosse possível!), são nos "outros dias" de processo, cada um de intensidade e forma diferentes, em que chegamos a pensar em desistir, em jogar a toalha e deixar tudo para lá.

Nestes dias, paramos de passar pela vida e simplesmente deixamos que ela passe por nós, pelo tempo que a nossa natureza biológica, nosso estilo de vida e nossos pensamentos e sentimentos permitirem. Estacionamos o nosso desejo de aprender continuamente e o deixamos em uma espécie de "ponto morto", sujeitando-nos a nos movimentar apenas quando alguma força externa nos empurra.

FELICIDADE É UM **PROCESSO**. FICAMOS MAIS PRÓXIMOS DELA AO DEIXAR DE PENSÁ-LA COMO UM EVENTO.

@ eduzugaib

Sim, a felicidade está no processo. Ou melhor: a felicidade, por si só, é um processo. Nas palavras de Émile-Auguste Chartier (1868-1951) que, sob o pseudônimo de Alain tratou tal processo, "a felicidade não é algo que se persegue, mas algo que se tem. Não existindo essa posse, é apenas uma palavra". Ou, de forma ainda mais assertiva, "a felicidade não é fruto da paz, é a própria paz". Como todo processo, a felicidade precisa ser monitorada diariamente, em especial naqueles dias de "intervalo" que existem entre os eventos que pontuam nossas vidas, seja pela celebração do ganho ou pela constatação da perda.

O principal entrave que enfrentamos nasce quando as conquistas, ou dias de "eventos positivos", começam a se tornar mais raros. Dependendo da duração desses intervalos, em alguns — ou diversos — momentos, chegamos a decretar, de forma consciente ou não, que esse negócio chamado felicidade não é para a gente.

Justamente nesse ponto que precisamos compreender — e aceitar — a felicidade não como um evento, mas, sim, como um processo, evitando confundi-la com o prazer e a alegria, que são sentimentos que florescem com toda força durante os eventos, e que devem ser aproveitados com toda intensidade, afinal, somos merecedores disso.

A perspectiva do que seja uma vida em paz é nutrida por muitos como aquela na qual há abundância financeira eterna, ausência de compromissos e escassez de toda ordem de conflitos, vetores que nem sempre se cruzam e que nos fazem refletir acerca da paz como um ponto de partida ou um ponto de chegada em nossas vidas.

Tal qual a felicidade, quando tratamos a paz como um destino — ou um estado emocional dependente de um evento específico — corremos o risco de, talvez, nunca conhecê-la, dada a constante impermanência da vida. Já quando a inserimos na nossa "bagagem emocional", como um estado de espírito que aprofunda nosso autoconhecimento quanto à forma de agir, reagir e lidar com nossos conflitos e dilemas, a jornada ganha outra dimensão. Passamos a interpretar a paz como um estado ampliado de lucidez e de plenitude em entregarmo-nos verdadeiramente às nossas ações, pela perspectiva da realização delas em nossa melhor potência, e não apenas pela expectativa de um prêmio a ser recebido quando chegamos ao destino.

Prêmios ou destinos, por sua vez, passam, ganham o status de consequência, não de causa. Portanto, a nossa paz deve ser carregada na nossa "bagagem de mão" e não estar impressa na passagem como o lugar onde se pretende chegar.

Sendo processos e não eventos, tanto a felicidade quanto a paz precisam ser percebidas e monitoradas naquela infinidade de dias "comuns" de nossas vidas, aqueles em que aparentemente nada acontece. Afinal, são eles que formam o processo que empreendemos na direção dos eventos — ou conquistas — que desejamos ou, ainda, no sentido da adaptação que, vez ou outra, precisamos fazer para continuar saudavelmente vivos.

No caso específico da adaptação à perda, o processo de construção no qual se dilui a felicidade nos possibilita aceitar gradativamente aquele revés ou tragédia que acabou nos tirando do eixo, encaixando-o em alguma parede da sala da nossa história. De sua observação mais distanciada e crítica, passamos a construir novas consciências e significados a partir deles, elevando a felicidade a um novo status.

Portanto, felicidade é um processo que deve ser empreendido diariamente, de forma consciente, a partir de atitudes pequenas e, sobretudo, regulares.

Um processo com consciência e compreensão de nossa natureza falha, que se torna permissiva em muitos instantes e que tem, como contraponto, a disciplina que assegura a consolidação e a sustentabilidade das nossas conquistas ou adaptações, de forma que, ao seu tempo, tornem-se também exponenciais.

É quando tudo aquilo que visualizamos como "felicidade desejada" passa para o status de "felicidade praticada", azeitando a vida por meio de um propósito que seja claro e declarado. Isso nos traz uma consciência plena de quem somos, qual dor aliviamos ou curamos no mundo e a quem impactamos direta ou indiretamente a partir de nossas ações.

Pôr em prática a Revolução do Pouquinho significa tomar consciência da felicidade que habita nos detalhes, aqueles que muitas vezes deixamos passar batido, diluídos em meio as tarefas do dia a dia. Ao organizarmos esses detalhes, começamos a viver a consciência do processo.

Vivendo um processo, começamos a perceber a relação de influência que eles possuem sobre boa parte de nossos eventos, em particular aqueles que se relacionam às nossas conquistas.

NO **INTERVALO**
ENTRE AS **PERDAS**
E OS **GANHOS**
É QUE NASCE A
SABEDORIA.

@ eduzugaib

Assim, tiramos dos eventos o peso da responsabilidade por nossa felicidade, alimentando um estado ampliado de consciência e de monitoramento diário, do cuidado dedicado a cada "árvore" que forma essa floresta, sem perder de vista a própria floresta, e aprendendo diariamente o quanto as pequenas atitudes são capazes de provocar verdadeiras e grandes transformações.

Das indagações filosóficas mais antigas, incluindo aquelas mais antigas ainda que o próprio uso da palavra "filosofia", originária da Grécia de alguns séculos antes de Cristo, sempre se buscou um plano, uma lista que pudesse traduzir em prática alguns valores e atitudes fundamentais para uma jornada na qual a felicidade em viver superasse o conflito existencial primário que, de tempos em tempos, ressoa nos pensamentos de cada um de nós:

— Afinal... quem sou? De onde vim? Para onde vou?

Mesmo que insista em esconder-se atrás do seu ego, você pensou nisso quando era criança, sofreu enquanto adolescente e, como adulto, angustia-se muito mais do que gostaria por causa desse conflito, conforme os anos avançam.

Nessa busca por conhecer-se e situar-se, dentro de si mesmo e no mundo externo a nós, em que estão os outros e as relações que estabelecemos com eles, o homem pensou, escreveu, nomeou, significou, ressignificou, traduziu, subverteu, simbolizou, resgatou, enfim, empreendeu todo tipo de esforço para decodificar para si mesmo o impulso que o leva a seguir sempre adiante, assim como toda sorte de dilemas que encontra pelo caminho e que o obriga continuamente a tomar decisões.

Das dores da perda aos sabores da conquista, somos submetidos diariamente ao fogo da experiência humana, que nos forja por meio de todo o cardápio de dualidades que a jornada traz em si: a sorte e o azar, o desprezo e o apreço, a presença e a ausência, a vitória e a derrota, o nascimento e a morte... "Positivos" e "negativos" cristalizando o estado de impermanência que caracteriza a vida.

Essa sorte de variáveis está longe de ser binária: cada uma delas apresenta lá os seus cinquenta tons de... morno! Ou seja, existe toda uma graduação subjetiva entre cada um dos extremos, quente ou frio, que forma cada dualidade, o que nos obriga, de quando em quando, a pararmos e buscarmos princípios que nos ajudem a organizar e lastrear nossos pensamentos e sentimentos e, com isso, tomar as melhores decisões, ponderando continuamente as melhores relações entre perdas e ganhos.

No mundo acelerado em que vivemos, que chamo carinhosamente (mentira: foi bastante sofrido para mim aceitar isso) de Era do Curto Prazo, e que marca as primeiras décadas do século XXI, a necessidade de mensagens breves e que falem diretamente ao coração e à mente das pessoas ganha certa urgência.

Cercados de tecnologias, muitas delas desenvolvidas de forma primorosa para proporcionar economia de tempo e aperfeiçoar a comunicação, nós nos vemos paradoxalmente com cada vez menos tempo e sofrendo os trágicos efeitos de uma comunicação que vai de mal a pior, pautada em sua maioria pela necessidade de impressionar e de obter aprovação diária por meio de estatísticas de redes sociais, nas quais nossa identidade pouco importa diante do que efetivamente queremos parecer ser.

A busca do "parecer ser" é semelhante a uma fortuna formada por dinheiro falso. Uma moeda duvidosa, arriscada e traiçoeira que tem feito muita gente enfrentar o seu verdadeiro eu de forma solitária, dolorosa e silenciosa, já que milhares, e até milhões, de seguidores não são garantia de companhia reconfortante quando nos encontramos em algum dos pontos críticos da experiência humana. Aqueles momentos em que tudo aparentemente fica de pernas para o ar, em que os lastros se perdem, a depressão surge com toda sua força, as transformações no entorno não param de acontecer e a velocidade se torna cada vez mais crescente. Questões complexas, para as quais os imperativos de felicidade "instagrâmica" — o *pense positivo e seja feliz* — dissipam-se como fumaça diante da necessidade de clareza de sentidos e de percepções: conhece-te a ti mesmo.

Nesse turbilhão, em pleno século XXI e diante das transformações das relações, do trabalho, da aprendizagem, do conflito entre gerações e do envelhecer, entre tantas outras, quando nos vemos sozinhos e aparentemente desconectados, surge aquele mesmo questionamento, primário e essencial:

— Afinal... quem sou? De onde vim? Para onde vou?

Arrisco afirmar que a resposta para a primeira e a segunda

pergunta está na sua história. Aquela que o trouxe até aqui, e na qual estão contidos todos os fatos, valores e modelos de inspiração que explicam quem você é.

Em qualquer dia de sua vida, ao ser questionado sobre quem você é, basta dizer "Sou o resultado das experiências que vivi, dos valores que cultivei, do aprendizado que acumulei e das pessoas que admirei até ontem, confrontado com a experiência que vivo hoje, agora. Esse sou eu". Em qualquer dia da sua vida, tenha você a idade que tiver e esteja vivendo o que for, essa resposta estará filosoficamente sempre certa. E ela pode ser ainda mais simples: eu sou a minha história atravessando a experiência do agora.

Já a resposta para a terceira pergunta — "Para onde vou?" — é um pouco mais complexa. Envolve sonhos, pretensões, visões. Envolve planejamentos e desejos. Envolve fé, criatividade, esperança, enfim, todos os sentimentos que nutrimos hoje, durante a experiência do agora, em relação a um futuro sempre incerto, que raramente se alinha por completo às nossas pretensões, tamanha quantidade de variáveis que encontramos pelo caminho. E essa resposta, acima de tudo, requer uma capacidade de execução, monitoramento e medição intensa, capaz de influenciar e transformar em algo concreto aquilo que um dia esteve no campo da subjetividade, do pensamento, do sonho.

Aqui começa o *Plano de trabalho para toda vida*, um pequeno roteiro de atitudes que, observadas e perseguidas constantemente, em especial naqueles dias em que vivemos o processo e não os eventos, podem vir a influenciar bastante os resultados que você pretende construir ou as adaptações que você já percebeu que precisa efetivar para uma vida mais plena.

Dez lembretes práticos para ajudar a ampliar a consciência sobre a forma como você conduz sua jornada, estimulando um maior conhecimento de si e de suas ações, permitindo estabelecer um sentido legítimo para cada uma delas, inclusive as que darão errado.

Uma breve, prática e contemporânea filosofia de vida, capaz de transformar a felicidade em um elemento que preencha esses milhares de dias de processo, tornando a viagem mais especial. E transformando cada dia vivido num dia de plena potência no pensar, no sentir e no agir.

Vamos lá?

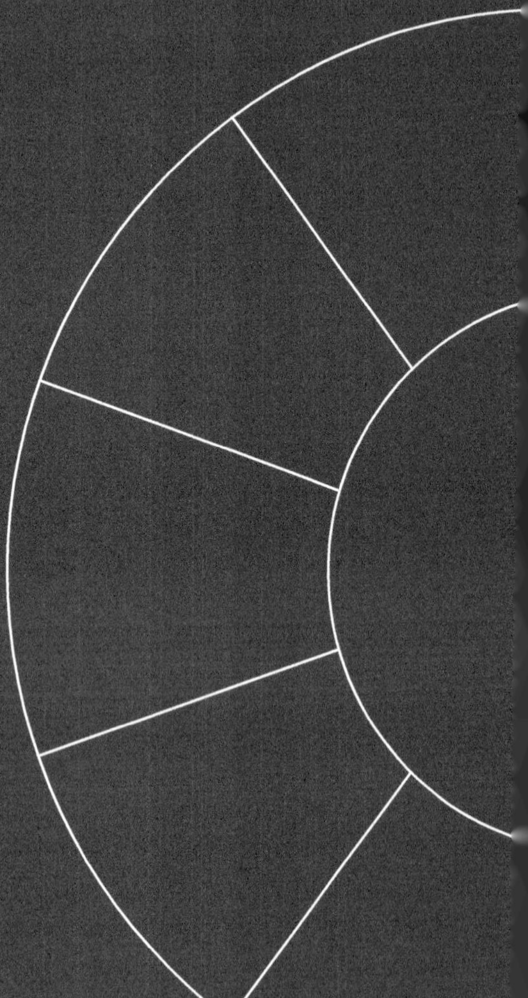

1

FAÇA O QUE É CERTO, NÃO O QUE É FÁCIL. O NOME DISSO É **ÉTICA**

"Nosso caráter é o resultado
de nossa conduta"
Aristóteles

No senso comum, há um pensamento corrente que diz que é "preciso preocupar-se mais com a consciência do que com a reputação, já que consciência é aquilo que você é, ao passo que reputação é o que os outros pensam de você, o que não é problema seu".

Será?

Não podemos controlar o pensamento alheio, tampouco aquilo que falam de nós em nossa ausência, porém é possível influenciar esse movimento de construção de reputação. Essa influência tem nome: ética.

Em um mundo conectado, em que os canais de comunicação formal e informal cruzam-se a todo instante, acreditar no modelo *falem mal, mas falem de mim* pode afetar diretamente o capital moral.

É importante compreender que fazer o que é certo, e não apenas o que é fácil, gera reputação. Algo que, por sua vez, quando consolidado na curvatura do tempo, cria um estado de consciência limpa, tranquila e desarmada.

No longo prazo da vida, compreendemos que o certo é também o mais fácil, já que isso nos desobriga de ficar nutrindo argumentos engenhosos na tentativa de justificar, para nós mesmos e para o mundo, a fragilidade e as consequências dos atos que empreendemos sem alinhamento entre as três perguntas socráticas: Quero? Posso? Devo?

Logo, os fatores que compõem o *trivium* tríade ética-reputação-consciência não precisam — nem devem — competir entre si, como sugere a frase do início, cuja autoria é atribuída a diversas pessoas. Devem, sim, convergir, assegurando não somente uma consciência descansada, mas também servindo como uma boa referência, um selo de procedência que atesta a origem e a qualidade da nossa índole e de nossos produtos no mundo lá fora. Reputação construída a partir daqueles a quem influenciamos positivamente e a quem proporcionamos boas experiências.

Nas organizações, a reputação que deriva da boa ou da má gestão é formada por diversos fatores relacionados aos seus públicos: desde aqueles que nela trabalham, passando pelos fornecedores e parceiros, chegando ao cliente, ao acionista e, por fim, à comunidade em que está inserida.

Nesse ambiente complexo, no qual a informação reverbera muitas vezes de forma exponencial, a ética implica a manutenção máxima da congruência entre discurso e prática, promovendo a curadoria de nossos atos e ajudando-nos na construção de uma melhor estética para nosso comportamento.

Portanto, na sociedade corrompida em que vivemos, ética deixou de ser luxo, diferencial ou vantagem competitiva na bacia das almas do "jeitinho brasileiro" e das negociatas de índoles duvidosas e impactos desastrosos. Passou a ser questão de sustentabilidade, de sobrevivência a longo prazo.

Em grupo — famílias, amigos, trabalho, voluntariado etc. —, cabe à liderança educar e inspirar a equipe, estimulando um ambiente interno em que a ética seja percebida não como entrave, mas como patrimônio imaterial construído a partir do processo de depuração e alinhamento a princípios e condutas percebidas como responsáveis, transparentes e coerentes com o que o grupo faz, com aquilo que o inspira, o move e o norteia.

Cabe ao líder ser exemplo vivo de ética, consciente de que suas atitudes educam muito mais do que qualquer pronunciamento que venha a fazer. No terreno da vida e na dinâmica da influência que permeia a todos nós, em diversos momentos, assumimos esse papel de líder, aquele ou aquela cujas atitudes influenciam e ajudam na formação do caráter daqueles que o(a) cercam, conforme aos valores que prega e que são evidenciados na prática, buscando o máximo de congruência entre o pensar, o sentir, o falar e, principalmente, o agir.

Além de configurar-se "selo de qualidade" no mundo lá fora, a reputação norteada pela ética cria ambiente seguro e de confiança para as relações, independentemente de qual palco da vida elas estejam acontecendo, preservando valores e inspirando aqueles que delas fazem parte.

QUANDO NORTEADA PELA **ÉTICA**, A **REPUTAÇÃO** CRIA AMBIENTE **SEGURO** E DE **CONFIANÇA** PARA AS NOSSAS **RELAÇÕES**.

@eduzugaib

A ética fortalece a autoestima, o senso de pertencimento, a cidadania, a confiabilidade e, gradualmente, os resultados financeiros que obtemos de forma justa, evitando alimentarmos bolhas de sucesso ao nosso redor, abaláveis a qualquer movimento que não tenha sido previsto em algum projeto que haja, em sua gênese ou realização, a sinergia entre a medida (enquanto moderação), a beleza (enquanto transparência dos atos) e a verdade (caráter de autenticidade) que herdamos de Platão (427-347 a.C.).

Portanto, optar sempre por fazer o que é certo, não o que é fácil, mesmo que isso implique uma aparente perda ou ausência de ganho no presente, é receita de liberdade e sanidade mental e espiritual, ainda que o contrário possa ser o mais comum nos ambientes nos quais interagimos. Ser comum não significa ser normal. Ser comum pode, muitas vezes, não significar ser justo ou bom.

Immanuel Kant (1724-1804), afirmou que "a moral não é propriamente uma doutrina que nos ensina como devemos nos tornar mais felizes, mas como nos tornar dignos da felicidade", dignidade essa construída a partir da prática da virtude diária, do processo chamado felicidade.

Como disse Walter Benjamin (1892-1940), "ser feliz é ser capaz de tornar-se consciente de si mesmo, sem medo".

Ética, portanto, é o maior investimento a longo prazo que você pode fazer em você mesmo, como indivíduo ou liderança, em família ou em qualquer outra organização.

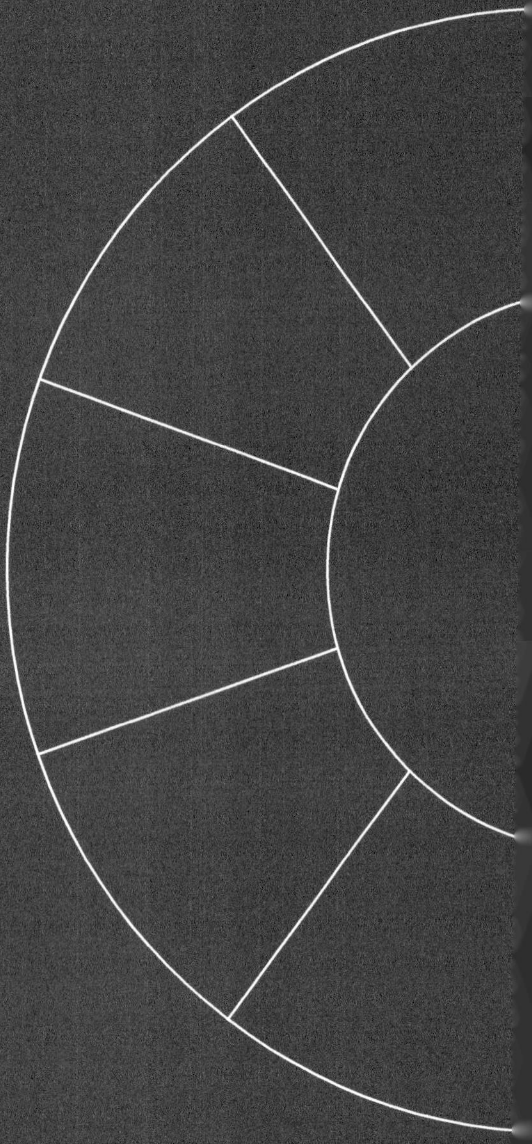

2

PARA REALIZAR COISAS GRANDES, COMECE PEQUENO. O NOME DISSO É **PLANEJAMENTO**

"Se você falha em planejar,
está planejando falhar"
Benjamin Franklin

Uma jornada compõe-se de muitos passos. Uns podem ser maiores, outros menores, mas todos precisam apontar para o mesmo objetivo, mesmo que em algum momento seja preciso um desvio ou a transposição de algum obstáculo.

Planejar implica visualizar o caminho, estabelecendo com consciência o ponto em que nos encontramos e definindo de forma positiva o ponto ao qual queremos chegar.

Em seguida, implica fazer uma análise bastante realista das nossas forças e vulnerabilidades, percebendo o quanto elas podem "conversar" entre si. Não no sentido de eliminar as vulnerabilidades, mas de assumi-las e lhes dar um novo significado, transformando-as até mesmo em pontos de partida para o desenvolvimento de novas capacidades. Isso implica expor pensamentos e sentimentos de forma verdadeira e não ensaiada.

Olhar para o cenário em que nos encontramos é o passo seguinte, de modo a perceber o quanto as variáveis nele presentes podem representar ameaças ou oportunidades. E, enfim, pôr a mão na massa da execução, compreendendo as frações de *tempo versus atitudes* que devemos monitorar.

Muitas pessoas pensam na Revolução do Pouquinho como uma metodologia de mínimo esforço, em que vigoram o baixo compromisso e a alta complacência. Pensam na atitude empenhada de forma irregular, espaçada. A elas, a notícia não é muito boa: está longe de se tratar disso.

A Revolução do Pouquinho trata da nossa capacidade de fracionar o tempo, identificando a parte mínima sobre a qual empreendemos as nossas atitudes de forma consciente e interessada, criando bases para as nossas mudanças, de modo a, em seguida, torná-las sustentáveis e, finalmente, exponenciais.

O comportamento mostra-se exponencial quando a atitude se incorpora efetivamente ao nosso modo de ser, tornando-se intrínseca, natural e geradora de potência em nossas vidas. Transforma-se em parte de nossa existência e de nossa identidade, não apenas de atos fortuitos. É a diferença que existe entre ser e estar. Ato contínuo, não pontual.

Os grandes planos e realizações que tiveram a felicidade como parte de seu processo, e não apenas visível na forma de prazer ao final, possuem em seu DNA traços bastante visíveis de execução consistente.

Já outros que até se revestiam de nobres intenções, que foram imaginados grandiosamente, mas tiveram execução medíocre — quando realizados — carregam em seu DNA fortes traços de execução complacente, descompromissada e altamente permissiva, fogo de palha.

Neles, a inconsistência e a indisciplina são justificadas com as mais variadas desculpas, criando terreno fértil para a procrastinação, o empurrar para a frente, apenas esperando para ver o resultado.

Dar pequenos passos significa, acima de tudo, ser consistente. É viver pautado pela regularidade, buscando a excelência que nasce da repetição exaustiva e monitorada dos nossos atos. Significa compreender que uma alta explosão no início, detonada por euforia e motivação superficiais, quando não impulsionada por um propósito consistente e monitorada pela autoliderança, raramente tem a capacidade de provocar alguma transformação.

O planejamento, neste caso, ajuda na compreensão do melhor caminho para efetivar o plano, na necessidade de ser flexível para lidar com variáveis imprevistas.

Lidar de forma mais precavida, minimizando a ausência de controle apenas àquilo que de fato não está ao nosso alcance, ao que é naturalmente impermanente. Implica não perder de vista o objetivo final, monitorando a execução dos atos e passos que consolidarão a jornada.

As maiores torres, quando vistas de perto, revelam uma estrutura formada por milhares de parafusos agindo, cada qual em sua tarefa, a uma pequena e regular distância entre si.

Assim como tijolos que, ao serem assentados, requerem monitoramento e alinhamento consistentes, para que se transformem gradualmente em uma edificação.

Compreender a célula mínima dos nossos objetivos nos ajuda a torná-los mais realizáveis e mensuráveis, permitindo, quando não 100%, chegarmos ao máximo de controle e influência durante a execução e o produto final.

Também possibilita prazer ou consciência tranquila no fim, a certeza de que aquilo que ficou pra trás é fruto de visão,

O **PLANEJAMENTO** AJUDA NA COMPREENSÃO DO **MELHOR CAMINHO** E NA **FLEXIBILIDADE** PARA LIDAR COM **IMPREVISTOS** DURANTE A EXECUÇÃO DO PLANO.

@eduzugaib

planejamento e ação consistentes, e não apenas de alguma variável aleatória de sorte.

O planejamento nos ajuda a tornar tangível a nossa autoliderança em relação às atitudes que precisamos empreender para conquistar nossos objetivos.

Ele nos aproxima mais de nossa própria verdade e essência, especialmente durante o processo, e não só no desfecho, durante a celebração da conquista. E nos confere lucidez para compreender que, nessa felicidade que executa, a dor, a perda e a renúncia que envolvem toda decisão muitas vezes surgirão como companhias insistentes e depuradoras do nosso ego.

Quando insistimos em permanecer no campo da subjetividade do "pensamento positivo", algo que muita gente verbaliza superficialmente e "compra" aos montes, no barulhento mercado de fórmulas motivacionais, o vazio interior apenas aumenta.

Afinal, sempre haverá um novo produto, este sim, oferecendo "o mais revolucionário método de conquista da felicidade, de prosperidade, de uma nova profissão, de bem-estar e de autoestima dos últimos tempos"... pelo menos até a próxima semana! Felicidade embalada em estímulos intensos à catarse, à exaustão dos sentidos, provocando o afrouxamento do senso crítico, combinado de forma a oferecer uma experiência transcendental que dure pelo menos até a venda do próximo módulo, que, este sim, vai revelar "o segredo da felicidade" e levá-lo a um novo patamar. Enfim, "o show não pode parar"...

Em toda parte, qualquer boa intenção se perde no terreno da realidade, em meio à rotina, a medos, ameaças, relações, frustrações e à forma como lidamos com isso tudo na realização do nosso propósito. Vida real, em que toda e qualquer filosofia pode, deve e precisa fazer sentido, cumprindo certos ordenamentos até onde nossas permanentes imperfeições nos permitam.

Poucos são aqueles que assumem compromisso com a realidade da execução, compreendida e posta efetivamente em prática, transformando utopias em realidades, pois, como disse Platão, "o começo é a parte mais difícil do trabalho".

Aqui entra o planejamento, nobre arte de visualizar grande, começar pequeno e realizar de forma consistente, sujeitando-se a erros e ajustes de rota, vivenciando de forma plena esse processo chamado felicidade.

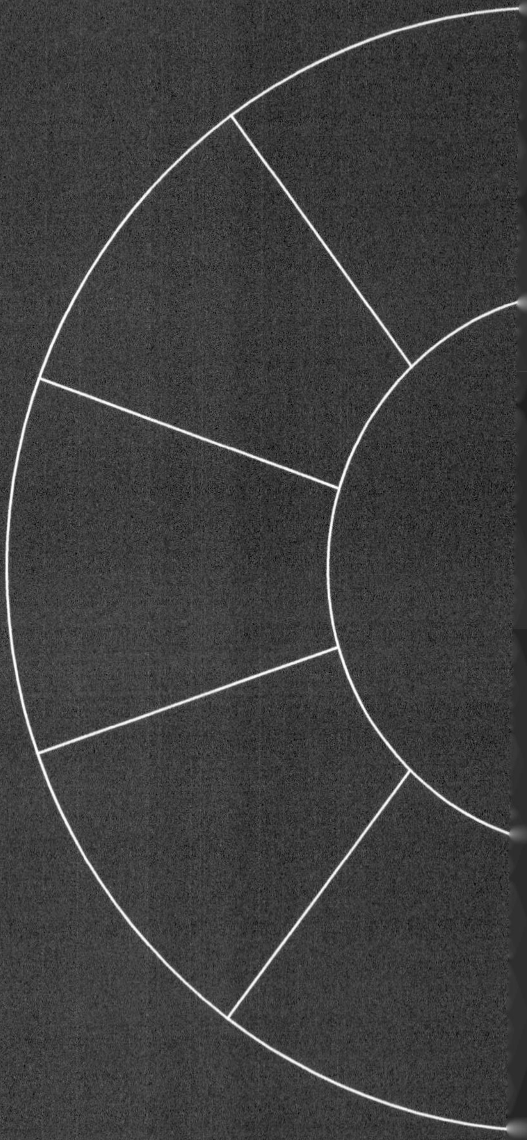

3

APRENDA A DIZER NÃO. O NOME DISSO É **FOCO**

> "MESMO OS MAIS PERFEITOS ESPÍRITOS TERÃO NECESSIDADE
> DE DISPOR DE MUITO TEMPO E ATENÇÃO"
> *René Descartes*

Quando falamos do dualismo "ser" e "estar", há uma tendência natural em priorizarmos o "ser", tratando-o com maior distinção do que o "estar". Cada qual tem a sua importância e nos leva diretamente ao comparativo entre processo (ser) e evento (estar). Enquanto o "ser" é a jornada como um todo, o "estar" precisa ser vivido no agora, a cada novo dia, e não apenas ao final da jornada, quando desfrutamos do prazer da realização.

Nessa conta, o "estar" também exerce um papel fundamental, em particular quando tratamos do estado de presença e atenção. Consciência e ação no agora e com regularidade é um dos principais desafios do processo chamado felicidade.

Ao longo da história, na jornada de empreendedores — entenda-os aqui como as pessoas que transformaram positivamente os cenários nos quais transitaram, e não aquelas que tinham uma empresa —, esse "estar" sempre envolveu saber "dizer não" na hora certa, sobretudo diante de variáveis incontroláveis, ambientes dinâmicos, conflitos, dilemas e o permanente estado de alternância entre caos e ordem.

Saber onde queremos chegar, com a consciência daquilo que sabemos fazer melhor e de que cada escolha carrega em si uma renúncia, otimiza tempo, relações, esforço, saúde e dinheiro, apenas para citar alguns dos recursos.

Trazer a felicidade para o processo nos possibilita ampliar a sensibilidade e o poder de decisão sobre as atividades, as atitudes e até mesmo as relações que nos lançam continuamente na vala da dispersão, oferecendo em troca do nosso tempo dedicado uma ingrata contrapartida, que é a perda de nossa potência.

Tais questões precisam ser identificadas, reduzidas e, se possível, abandonadas por completo tão logo se torna claro o seu desalinhamento aos nossos valores e ao nosso projeto de transformação do nosso próprio eu e também do nosso entorno.

Foco é a capacidade de nos mantermos fiéis ao nosso propósito — ou à nossa felicidade no realizar —, bem como ao plano que estabelecemos para que ele se transforme em realidade.

Esse "pouquinho" nos possibilita minimizar o retrabalho que surge da falta de alinhamento entre a expectativa e a realidade, conferindo-nos uma compreensão lúcida da nossa efetiva capacidade de realização, aquele prosaico "deixa comigo, que eu faço", e que nem sempre é feito de fato, muito menos perfeito. Enfim, é desnecessário reter em si tarefas que poderiam ser delegadas e monitoradas, ou simplesmente deixadas de lado.

Isso eleva o foco ao patamar de um exercício saudável de desapego, o suficiente para qualificar com lucidez as atividades, ambientes e relações que se revestem de falsa importância, de um verniz brilhante de utilidade, mas que, na verdade, apenas reduzem nossa capacidade física e mental, atrapalhando a regularidade do processo.

Foco implica a consciência plena da "dor" que curamos por meio de nosso trabalho individual ou da organização da qual fazemos parte, mantendo o ponteiro da bússola sempre apontado para o destino, mesmo que no decorrer da jornada seja preciso repensar ou mudar o caminho.

Quando recuperamos a competência de gerir corretamente o nosso tempo, identificando o que o torna produtivo e o que nos faz dispersar, passamos a estabelecer prioridades e a agir com foco.

Ao assumirmos nosso protagonismo, isso implica a responsabilidade de administrar com inteligência os nossos recursos, em especial aquele que, uma vez desperdiçado, nunca se recupera: o tempo.

Ao influenciarmos outras pessoas, precisamos também educar o foco, tornando cada liderado um protagonista consciente e responsável pelo uso desse recurso tão valioso.

Ter foco é, acima de tudo, estar presente de forma plena durante cada um dos papéis que desempenhamos na vida, mobilizando o nosso pensar, sentir e agir em uma mesma

FOCO É ESTAR **PRESENTE** DE VERDADE, MOBILIZANDO O NOSSO **PENSAR**, NOSSO **SENTIR** E NOSSO **AGIR** EM UMA **MESMA DIREÇÃO**.

eduzugaib

direção: a dos objetivos, os quais se tornam mais consistentes quando derivam de um propósito.

É ter consciência e mente flexível para atingi-los, mobilizando toda a nossa capacidade criativa na busca de soluções e na identificação de novos caminhos, caso os já conhecidos estejam se tornando ineficientes, situação cada vez mais recorrente quando transitamos pelos ambientes voláteis, incertos, complexos e ambíguos do mundo atual.

Pessoas que zelam pelo "pouquinho" do foco equacionam melhor a eficiência e a eficácia, obtendo efetividade real em seus resultados. Elas sabem que, para isso, é preciso abdicar de comportamentos e práticas que provocam o desperdício do tempo e afetam diretamente sua capacidade.

Ampliar o nível consultivo em um ambiente de vendas, por exemplo, conduzindo o cliente para soluções pertinentes, relevantes e, sobretudo, atingíveis, dentro da capacidade de atendimento da organização, é um dos fatores que nos ajudam a manter o foco e a evitar retrabalho decorrente de expectativas mal alinhadas.

A queima desnecessária de tempo por meio de práticas nocivas de comunicação, como a fofoca, a boataria e a distorção, entre outras, bem como discussões insalubres sobre os efeitos de crises e mudanças, sem uma intenção real de superar tais efeitos e limitando-se à postura da reclamação passiva, são práticas culturais bastante comuns em nossa sociedade. A pessoa com foco sabe identificá-las e contorná-las, evitando entrar nessa vala comum e operando sempre na direção de uma vida com mais propósito, protagonismo e potência no agir.

Como afirma Henri Bergson (1859-1941), "escolher é excluir". Ao perceber-se envolvido em movimentos de dispersão disfarçados de "cantos de sereia", é preciso aprender a dizer "não" de forma consciente e sem culpa. O nome disso é foco.

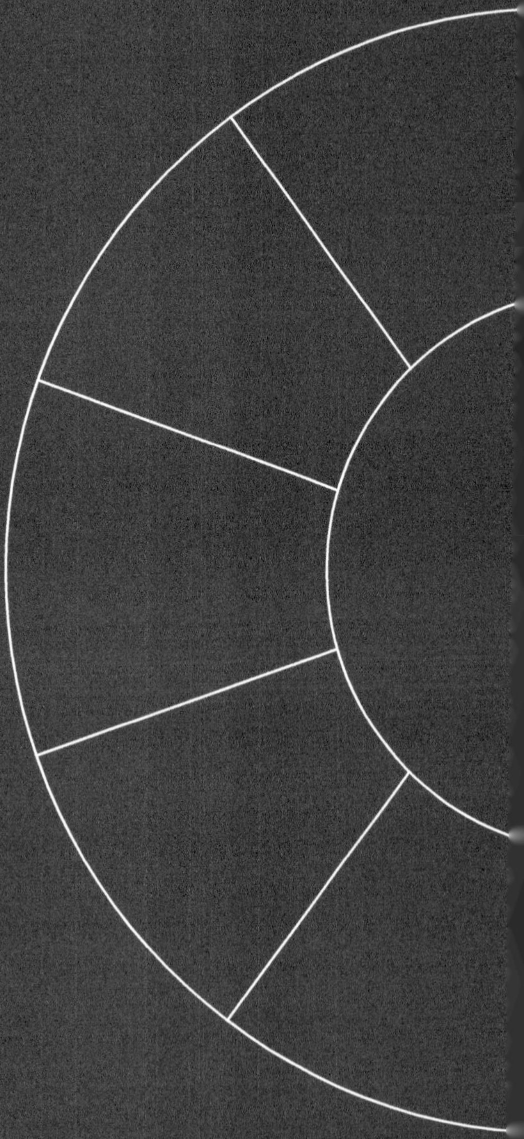

4

PAROU DE VENTAR, COMECE A REMAR. O NOME DISSO É **GARRA**

> "QUANTO MAIS UM HOMEM SE APROXIMA DE SUAS METAS,
> TANTO MAIS CRESCEM AS DIFICULDADES"
> *Johann Goethe*

O coração abre a trilha, a razão pavimenta a estrada. Se pudesse resumir a Revolução do Pouquinho em um pensamento que servisse como ponto de inflexão para a organização de nossos pensamentos e sentimentos, seria assim. Ela também representa a sinergia — e não o equilíbrio — entre coração e razão, que é sugerida naturalmente pelo *Plano de trabalho para toda vida* a partir das atitudes que o formam.

Manter a mente apenas na perspectiva da inspiração, da ideia abstrata, do querer sem decisão nem ação, sem pôr as mãos na massa, não gera resultado algum além da frustração.

Da mesma forma, a execução de tarefas e rotinas sem um objetivo que as sustentem, sem propósito e sem paixão instaura a vida numa perspectiva puramente tarefeira, transformando-nos em meros apertadores de parafusos que não fazem a menor ideia do produto que sai ao final da esteira da linha de montagem.

Na história dos grandes empreendedores — aquelas pessoas que, como vimos no capítulo anterior, transformaram os cenários por onde transitaram —, é possível identificar um movimento entre razão e coração muito mais sustentado na parceria do que no equilíbrio.

Uma decisão interna e um querer muito forte, sucedidos pela realização planejada, monitorada e corrigida sempre que necessário. E ambos apontando constantemente para a mesma direção, apoiando-se de maneira recíproca e não se anulando a partir do pretenso equilíbrio. Podemos chamar essa sinergia entre coração e razão de garra, que tem como sinônimos palavras como determinação, disposição, vigor, entusiasmo. Entusiasmo é uma palavra que deriva do grego *entheos*, que carrega em si significados como "inspiração divina", "estar inspirado", "possuído por um deus" ou "estar em êxtase". Ou seja: aquilo que nos move e nos possibilita dar o primeiro passo em direção aos nossos objetivos. Isso é viabilizado pelo alinhamento entre esses dois vetores criativos chamados coração e razão.

Quando dois vetores apontam com a mesma intensidade para lados opostos, neutralizando-se mutuamente, atingimos aquilo que na física é conhecido como "equilíbrio". Uma falsa percepção de estabilidade que, na prática, nada mais é do que a nossa conhecida zona de inércia, que é quando a nossa zona de conforto torna-se estanque e não apresenta nenhum crescimento em conhecimento, experiências e performance.

Quando apontam para a mesma direção, razão e coração são forças capazes de nos conduzir pelos mais críticos cenários decorrentes dos dois tipos de mudanças que enfrentamos na vida: as que abraçamos e as que nos abraçam.

Em parceria, razão e coração nos ajudam também a tornar mais claros a nossa história e a nossa visão de legado. A nossa história é indissociável, independente daquilo que ela contenha: fatos positivos ou não, aprendizados duros ou não, conquistas, perdas, vitórias, derrotas, orgulhos e vergonhas. Quando a honramos e a respeitamos, trazemos toda a sua força para o dia de hoje, não por meio de um saudosismo que entristece e enfraquece, mas em função da consciência que fortalece nosso aprendizado.

Já o legado, que para muitos é algo subjetivo, orienta-se pelo impacto que queremos que nossas ações imprimam no mundo, bem como pelas palavras com as quais gostaríamos de ser lembrados quando não estivermos mais por aqui. Ele também precisa ser honrado, respeitado e transformado em atitudes vivas no agora, a partir do nosso propósito. Tendo isso claro, descobrimos a resposta para aquela indagação essencial da humanidade: quem somos nós?

Quando amarramos essas duas pontas — história e legado —, usando para isso o nó do propósito, descobrimos um dos fatores que formam a nossa resiliência, a capacidade de retornarmos ao nosso estado emocional mais normal possível, ao sermos submetidos aos choques, traumas e impactos decorrentes das mudanças, trazendo nessa volta algum crescimento. Não se trata de um comando que apenas "reseta" o nosso sistema emocional e de conhecimento, mas, sim, que carrega em si durante essa reinicialização algo

AO **APONTAREM** PARA A MESMA DIREÇÃO, **RAZÃO** E **CORAÇÃO** SÃO **FORÇAS** CAPAZES DE NOS **CONDUZIR** PELAS **MUDANÇAS** QUE ABRAÇAMOS E AQUELAS QUE NOS ABRAÇAM.

eduzugaib

novo, uma experiência real e consciente de aprendizado. Isso é o que nos torna diferentes da matéria inanimada, cuja resiliência foi amplamente estudada pela física.

A parceria saudável entre coração e razão, apontando para a mesma direção e apoiando-se mutuamente, não nos ajuda a diminuir os problemas que aparecem em nosso caminho. Neste mundo dinâmico e nesta confusa sociedade atual, os problemas serão cada vez maiores e mais intensos. Ela nos ajuda, sim, a nos tornarmos maiores, mais fortes e com mais sabedoria para lidar com eles. Logo, se parou de ventar, comece a remar.

O nome disso é garra.

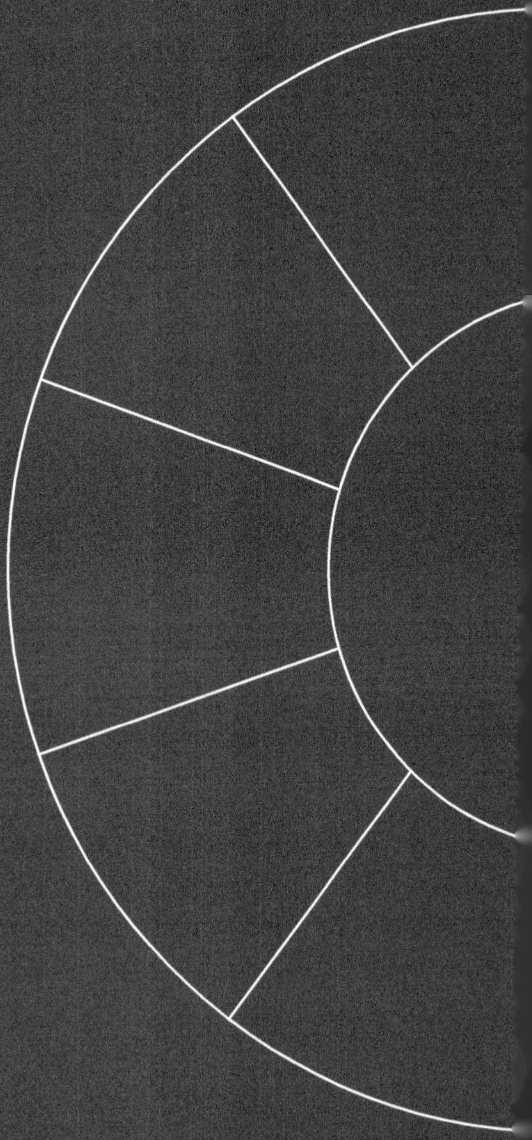

5

NÃO TENHA MEDO DE ERRAR, NEM DE RIR DOS SEUS ERROS. O NOME DISSO É **CRIATIVIDADE**

"O MAIOR ERRO QUE VOCÊ PODE COMETER É O DE FICAR
O TEMPO TODO COM MEDO DE ERRAR"
Elbert Hubbard

Para quebrar uma regra, é preciso conhecê-la. Do contrário, a quebra se torna apenas um acidente ou, pior, um ato de vandalismo. Pensar fora da caixa implica conhecer a própria caixa — ou suas regras, paradigmas, crenças e práticas — para poder quebrá-la quando demonstrar já ter ficado obsoleta e desconectada do propósito.

Distanciar-se do contexto para compreendê-lo em toda a sua complexidade é fundamental. Permitir-se conhecer novos contextos ajuda na identificação de conexões antes impensáveis, que nos possibilitam inserir a nossa "caixa" em uma nova dinâmica.

Um dos maiores desafios a serem superados pela criatividade reside na falta de recursos, o que costuma ser uma desculpa confortável quando não se busca conhecer-se melhor, incluindo permitir-se olhar a si mesmo de fora, percebendo de forma sistêmica qual é o verdadeiro problema, onde efetivamente se está patinando, para só então mobilizar essa técnica de solução de problemas que pertence a todo ser humano, chamada criatividade.

Na vida pessoal ou em uma organização, é preciso romper esse círculo vicioso e cômodo do "não somos criativos porque não temos recursos". É preciso mudar a perspectiva. Fazer continuamente a pergunta invertida: será que não temos recursos justamente porque não somos criativos o suficiente? Será que não é o meu repertório que está me limitando e impedindo de encontrar soluções dentro da minha própria caixa? Quando a caixa possui pouco conteúdo interno, as combinações se tornam mais escassas.

A criatividade, que também é uma força de superação humana, nasce dessa postura inquieta, do contínuo desafio ao que está estabelecido, combinado com a busca de novos caminhos. Isso implica estimular o pensamento flexível e o bom humor, aditivos que ajudam na ampliação da visão e na conexão com as pessoas que compõem nossas redes sociais de apoio. Os resultados exponenciais surgem do quanto nos permitimos nos combinar com os outros. Para isso, é fundamental perder o medo de errar e permitir-se ir ao encontro do outro.

O maior recurso para a criatividade reside não em fartos recursos financeiros, mas no ambiente que respeita o pensamento inovador, capaz de provocar rupturas conscientes de modelos ultrapassados e de construir novas associações com aquilo que existe, chegando a novas respostas para, muitas vezes, aqueles mesmos antigos problemas.

Isso é possível se nos permitirmos tolerância ao erro quando este decorre do desejo e do impulso de inovar.

É preciso errar, e muito, durante o processo de inovação para que, durante a execução, tudo corra na mais perfeita ordem. Até o dia em que os processos se tornem obsoletos, os modelos não atendam mais à complexidade necessária para manter performance e seja preciso inovar de novo... ou não!

Esperar que esse dia chegue, neste mundo de alta velocidade, pode ser catastrófico, não sobrando tempo hábil para agir e retomar a jornada.

Logo, o melhor contexto será aquele em que nós mesmos "mataremos" nossas ideias e paradigmas, substituindo-os por novos, mais aperfeiçoados, complexos e capazes de reagir ao caos das mudanças que nos afetam e nos impactam.

A mudança de mentalidade é o que vem aperfeiçoando a filosofia humana desde o início da organização do pensamento, impulsionada não pela utópica certeza, mas justamente por dúvidas: Para onde vamos? E se fosse diferente? Por que não descobrir outro caminho?

Ambientes intolerantes ao erro se tornam, no decurso do tempo, estéreis em criatividade. Na prática, eles matam a iniciativa e instauram todos na mera perspectiva de tarefeiros ou, em outras palavras, na boa e velha bacia das almas da rotina.

Uma empresa que se consolide de forma não criativa corre riscos que vão muito além das questões que envolvem o clima interno. Afinal, o mundo lá fora continua equacionando caos e ordem em níveis cada vez mais complexos. Questão de tempo para que tudo aquilo que forma a empresa

É PRECISO **ERRAR**, E MUITO, DURANTE O **PROCESSO** DE **INOVAÇÃO** PARA QUE, NA **EXECUÇÃO**, TUDO CORRA NA MAIS **PERFEITA ORDEM**.

@ eduzugaib

— inclusive suas pessoas — se torne ultrapassado e desconectado da realidade.

O ambiente no qual somos estimulados a sair todos os dias de casa não apenas pela perspectiva do "não errar", mas também, principalmente, de "buscar novas formas de acerto", tende a transformar até mesmo os erros decorrentes do processo em resultados conscientes da aprendizagem, uma massa que cresce quando fermentamos a vida a partir da criatividade.

Em nenhuma fase da história ficou tão claro para pessoas físicas, jurídicas e políticas que o sucesso construído nos últimos dez anos não representa garantia alguma de sucesso para os próximos dez meses. Basta observar quantas grandes organizações que se acomodaram em sucessos pregressos desidrataram, e até evaporaram, depois do surgimento de algum novo modelo de impulsionado por novas tecnologias e, sobretudo, novos formatos de relacionamento. Quando não nos permitirmos ser os primeiros a "destruir" o próprio paradigma, corremos o risco de morrer abraçados a ele, tão logo surjam novos saberes que o tornem obsoleto, o que acontece numa velocidade cada vez maior.

A certeza de que podemos evaporar cada vez mais rápido em cenários incertos como os atuais reafirma, a todo momento, e muitas vezes de um jeito doloroso, que o maior patrimônio que podemos carregar conosco é, junto ao nosso propósito e aos nossos valores, a nossa capacidade de pensar, e de nos pensarmos, diferente. De nos transformarmos, reinventarmos e, continuamente, sermos os primeiros a perceber a obsolescência do nosso próprio padrão de pensamento e de ações, buscando o aperfeiçoamento contínuo, quando não a construção de um novo modelo, conscientes de que o erro será parte natural desse processo.

É importante não ter medo de errar, mas também se permitir rir, aprender e se superar a partir da compreensão dos próprios erros. O nome disso é criatividade.

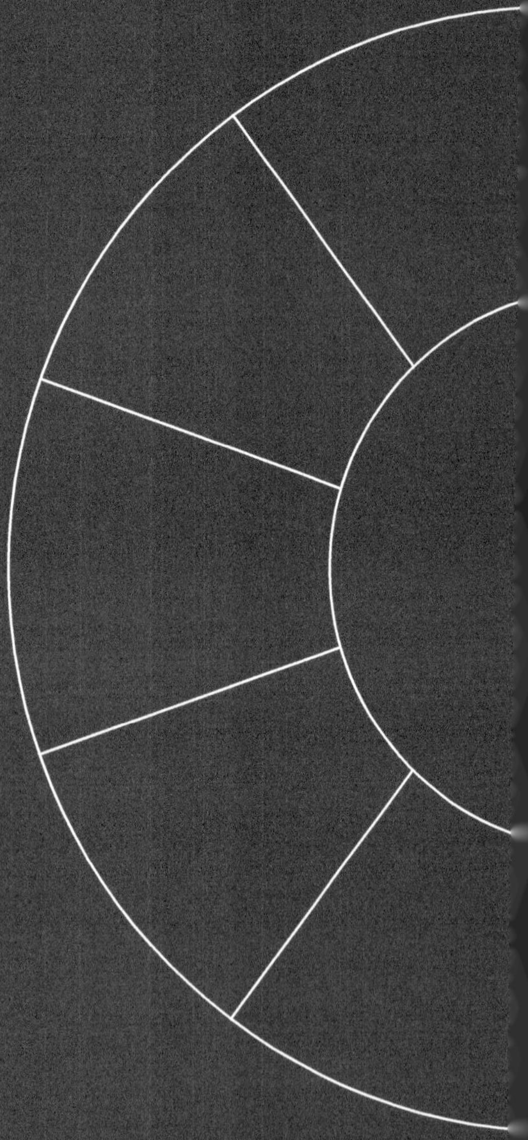

6

SUA MELHOR DESCULPA NÃO PODE SER MAIOR QUE O SEU DESEJO.
O NOME DISSO É
VONTADE

"É A VONTADE QUE FAZ O HOMEM GRANDE OU PEQUENO"
Friedrich Schiller

Vontade, ou ambição, é a atitude que nos faz querer mais. Impulso dos mais antigos, presente na gênese de grande parte de movimentos, tecnologias ou comportamentos que possibilitaram a evolução humana, ela nos empurra a cada novo dia dentro de um processo de melhoria contínua.

Nesse processo, passamos a estabelecer objetivos, nutrindo o desejo e fomentando o empenho em atingi-los ou, se possível, superá-los. Em uma vida na qual a felicidade é processo, ao não atingirmos nossos objetivos, a ambição esfria um pouco, combinando-se com nossa resiliência e possibilitando-nos uma leitura crítica dos porquês do resultado indesejado, para poder corrigi-los e, aquecendo a ambição novamente, também superá-los.

No senso comum, a palavra ambição, e consequentemente a atitude ambiciosa, ainda é mal interpretada. Não raro, é confundida com ganância. Logo, tratá-la como "vontade" pode ajudar a distanciá-la um pouco do significado de "ganância", que é onde começa a confusão pela falta de vocabulário.

Ambição implica querer mais a todo custo, mobilizando as próprias competências e recursos para a melhoria contínua, com foco no máximo de felicidade que podemos proporcionar àqueles com quem nos relacionamos nossos familiares, amigos e até mesmo clientes, quando transformamos a nossa felicidade em produtos e serviços tangíveis, que criam valor. Felicidade que se completa quando também nos incluímos na conta dos beneficiados por seu resultado, evitando o altruísmo puro e simples. Sim, é preciso focar também o melhor resultado que podemos gerar para nós mesmos, ou para a organização, ou para o grupo ao qual colocamos em prática o nosso propósito. Ambição, ou vontade, gera crescimento genuíno, sustentável, exponencial, já que deriva da felicidade como processo e está ligada à abundância que criamos em nosso entorno.

A ganância, por sua vez, denota querer mais a qualquer custo, focando apenas o lucro ou a obtenção de vantagem, não importando eventuais ou propositais incongruências entre a expectativa gerada pela promessa, o valor real e a entrega efetiva. Há uma diferença grande entre "a todo custo" e "a qualquer custo", que pode residir no primeiro pouquinho do *Plano de trabalho para toda vida*: fazer o que é certo e não o que é fácil.

A ganância ilude a muitos, o que abre espaço para que outros tantos obtenham vantagens assustadoras a partir de tal ilusão, já que a ganância não gera crescimento, mas, sim, inchaço. Ela encontra terreno fértil no oposto da abundância, que é a escassez. A escassez, dependendo do apelo com o qual a ganância se reveste, pode relativizar ou até mesmo corromper valores. Ao corromper valores, o processo chamado felicidade volta para a casa 1, a de uma vida ética, em que as questões "Quero?", "Posso?", "Devo?" precisam estar alinhadas.

Da escassez, quando fertilizada pela ganância, nascem bolhas insustentáveis que, a todo instante, estouram e afetam completamente a credibilidade e a reputação de quem transita por esse caminho, seja uma pessoa, um grupo ou uma empresa.

Ter ambição é saber conjugar os três pilares de competências que nos proporcionam movimento contínuo: o conhecimento, as habilidades e, em particular, as atitudes.

Ambicionar "conhecimento", por exemplo, é promover em si mesmo e ao ambiente que impactamos o fomento da curiosidade, ampliando o repertório. É zelar pelo saber. Ambicionar "habilidades" significa aperfeiçoar-se continuamente, consciente das mudanças que afetam o mundo a cada instante, principalmente aquelas relacionadas ao aperfeiçoamento de processos, à evolução da tecnologia e à transformação dos relacionamentos. Quando transformamos o conhecimento em realização a partir de nossas habilidades, zelamos pelo "saber fazer".

Ambicionar "atitudes" é compreender que apenas o mito do "pensamento positivo" não se sustenta sozinho diante da complexidade dos ambientes atuais. É preciso aperfeiçoar

QUANDO A **ESCASSEZ** É FERTILIZADA PELA **GANÂNCIA**, NASCEM BOLHAS **INSUSTENTÁVEIS**. AO ESTOURAREM, ELAS **AFETAM** A **CREDIBILIDADE** E A **REPUTAÇÃO**.

@eduzugaib

continuamente a mentalidade e o modo de interpretar o mundo, devolvendo esse aprendizado na forma de pensamentos, sentimentos, atitudes e comportamentos protagonistas. É zelar pelo "querer fazer".

Nossas competências, quando em sinergia e alimentadas continuamente, transformam-se em experiências positivas em todos os nossos relacionamentos, sejam eles pessoais, afetivos, sociais ou profissionais.

Um conjunto sinérgico de competências promove, para aqueles que são impactados por elas, uma experiência memorável que gera simpatia e confiança. Uma equipe que é influenciada e inspirada a ver-se de forma ampliada, fugindo das mesquinharias individuais e reunindo-se sinergicamente em torno dos objetivos que engrandecem a todos, transforma o protagonismo em um processo natural, com espaço para a iniciativa, a criatividade, o erro e o aprendizado, até se alcançar o resultado final. Aprende, pela mobilização da vontade, a transformar conhecimento em sabedoria que constrói ou fortalece os valores.

Aos líderes compete construir um ambiente de saudável ambição, promovendo não competição, e sim cooperação, compreendendo as vulnerabilidades e desenvolvendo a fortaleza de cada um, a partir de suas singularidades, já que a maior força de uma corrente é aquela presente em seu elo mais fraco.

Ao contrário da ganância, a ambição compartilha visões, alinha expectativas, promove parcerias na construção dos objetivos e, por fim, compartilha e celebra resultados, percorrendo um fluxo que precisa estar impregnado de felicidade desde o início, e não apenas ao final, na comemoração.

Para criar vigor nesse fluxo, cabe a nós exercermos vigília contínua sobre as nossas desculpas e justificativas. Estas nunca podem ser maiores que o nosso desejo. Vontade, ou ambição, é o nome desse pouquinho.

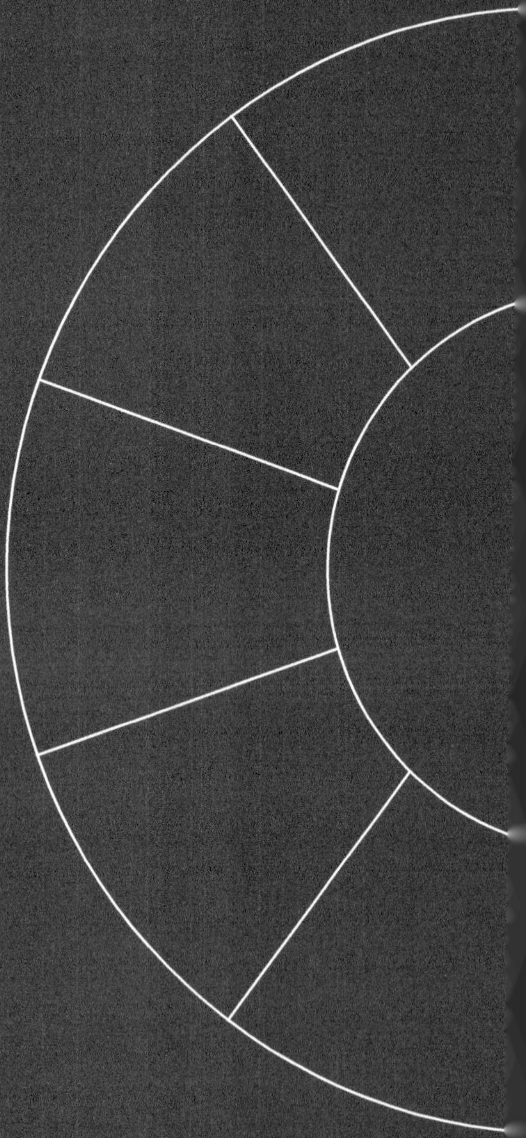

7

NÃO BASTA
TER INICIATIVA.
TAMBÉM É
PRECISO TER
"ACABATIVA".
O NOME DISSO É
EFETIVIDADE

> "O PROGRESSO NÃO É SENÃO
> A REALIZAÇÃO DAS UTOPIAS"
> *Oscar Wilde*

Imaginar é uma das mais salutares competências humanas. Mas é a execução que transforma a imaginação em realidade, que tira as ideias da cabeça e as materializa em projetos, que, por sua vez, se tornam simplificadores da realidade. Todo começo precisa perseguir o fim, mesmo que o fim represente um novo começo.

Em cenários dinâmicos e instáveis — e eles existem desde que o mundo é mundo e o homem passou a caminhar sobre ele —, descomplicar a vida sempre foi uma questão de ordem.

O descomplicar reside no espírito das grandes inovações, aquelas que impulsionaram nosso desenvolvimento enquanto civilização: pintura, roda, cerâmica, armas de caça, escrita, barco à vela, navegações, prensa gráfica, penicilina, energia elétrica, rádio, televisão, internet e outras tantas que sempre levaram o homem e suas relações a patamares de consciência até então impensáveis.

A busca da simplificação encontra eco no desejo do mínimo esforço, que naturalmente nutrimos e que possui raízes ancestrais. Ela requer a construção de melhores relações entre pessoas, a congruência entre seus valores e o compartilhamento de seus objetivos para que, ao serem concretizados, todos possam ser beneficiários da realidade que se origina deles.

Simplificar não significa ser simplista, que é quando se percebe e analisa o contexto e todas as suas variáveis de forma superficial, incompleta.

Também não significa ser simplório, inocente, portador de uma ingenuidade que, conforme o ambiente, pode tornar-se suicida.

Afinal, a realidade e seus fatos passam sem dó por cima do comportamento inocente e superficial, frutos de uma sabedoria não estimulada, não desenvolvida e muito menos aplicada.

Sabedoria cuja entrega fica bastante abaixo da promessa que carrega em si e que, muitas vezes, é apenas verbalizada. O *deixa que eu faço*, dito no início de forma segura e assertiva, que se transforma gradativamente no *não deu para fazer*, fruto da análise superficial, ou ainda no *pensei que seria mais fácil*, fruto da interpretação simplista.

Não, a vida não é fácil. Mas ela pode ser estimulante quando perseguimos e cumprimos os ciclos a que nos propomos, inaugurando e perseguindo novos ciclos a partir deles.

Diante dos desafios impostos ao longo da nossa jornada, muitos dos quais nos fazendo concluir diversas vezes que felicidade é algo que não nos cabe como direito, o simplificar torna-se ferramenta essencial ao espírito humano, na construção de soluções que resolvam nossos problemas e que também nos levem a um padrão mais apurado de mentalidade.

Ao influenciarmos pessoas ao nosso redor, a partir de nosso conhecimento, nossas habilidades e nossas atitudes, o ser simples passa a ter uma definição mais abrangente, no caso a nossa capacidade de catalisar nas pessoas aquilo que elas, singularmente, possuem de melhor.

Ser simples significa ser transparente, criativo, naturalmente compartilhador, portador de uma comunicação assertiva, provocador de visões de futuro consistentes e alcançáveis e, acima de tudo, incentivador do pensamento crítico. Não no sentido do "apontar e reclamar", mas, sim, no sentido de interpretar os problemas com serenidade, realismo e proposição, situando-os num contexto de soluções eficientes e eficazes.

Ser simples e efetivo significa ser protagonista com começo, meio e fim percebidos de forma clara, bem como toda evolução ou mudança que derivam de nossas atitudes.

Esses catalisadores de efetividade nos possibilitam tornar nossa autoliderança mais ágil, positivamente realista e capaz de surfar as ondas de mudança, impulsionadas por ventos que, a cada novo dia, surgem das mais variadas direções e em diversas forças, inserindo-nos em um cenário no qual as mudanças ocorrem em intervalos cada vez mais curtos e intensidades cada vez maiores.

Uma vida de aprendizado crescente e contínuo resume o perfil exponencial. Nele, a inteligência do indivíduo se eleva na medida em que ele se permite valer-se da sabedoria

SIMPLIFICAR NÃO SIGNIFICA SER **SIMPLISTA**, OU SEJA, **SUPERFICIAL**. TAMBÉM **NÃO** SIGNIFICA SER **SIMPLÓRIO**, OU SEJA, **INOCENTE**.

@eduzugaib

de todos que o cercam, o que, pela troca, enriquece repertórios, amplia a resiliência e, consequentemente, estimula o protagonismo individual e do grupo.

Ser simples requer ser menos subtrativo e divisor. Implica ser mais aditivo e multiplicativo e, acima de tudo, viver uma vida que empreenda a transformação de cenários não apenas pela sabedoria individual, mas também pela capacidade de ela conectar-se com a inteligência que existe ao redor, o que amplia as possibilidades e a riqueza das respostas. Afinal, uma inteligência isolada capaz de responder a todas as questões ou dilemas que surjam pelo caminho é algo humanamente impossível.

Não há sabedoria ou inteligência absoluta. Mas podemos ser sábios e absolutos no esforço que empenhamos na busca de uma maior efetividade em nossas vidas, na capacidade de estabelecer de forma lúcida o início e o final das nossas ações, conscientes de que os finais sempre representam novos começos quando a vida é posta na perspectiva da aprendizagem contínua. Crescemos ao transformar cada experiência em aprendizagem real e, com isso, aumentamos a sabedoria que carregamos em nós e que compartilhamos mundo afora, a partir de nossas decisões e nossos atos.

Iniciar e finalizar são duas pontas indissociáveis e necessárias para que todo e qualquer desejo de transformação saia do plano das ideias e se realize de fato.

Logo, não basta orgulhar-se de ter iniciativa. É fundamental também conjugar eficiência e eficácia reais, com metas, métodos, métricas e monitoramento, assegurando a devida realização, o que aqui chamamos de "acabativa".

Na execução do *Plano de trabalho para toda vida*, este pouquinho chamado efetividade ajuda a transformar a felicidade em um processo mais visível, revelando-a do início até o fim de nossas ações e impedindo-nos de abandoná-las no meio do caminho.

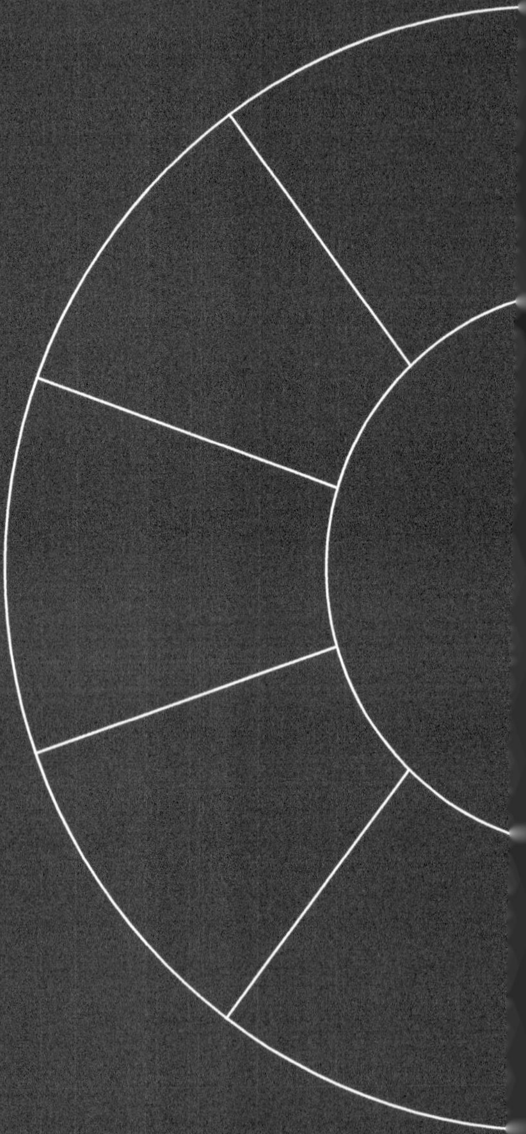

8

SE VOCÊ ACHA QUE O TEMPO VOA, TRATE DE SER O PILOTO. O NOME DISSO É **PRODUTIVIDADE**

"Com organização e tempo,
acha-se o segredo de fazer tudo bem-feito"
Pitágoras

Planejar, priorizar e produzir. Esses três vetores que regem a produtividade humana, quando bem sincronizados, promovem o melhor uso do tempo e fortalecem os resultados. No pensamento comum contemporâneo, pautado na aceleração e na superficialidade, não hesitamos em afirmar a todo instante que "tempo é dinheiro". Numa vida que seja vivida com propósito, com consciência do aprendizado que conquistamos a cada novo dia — desde que estejamos desejosos dele —, não é exagero afirmar que "tempo é felicidade", ou, ao menos, parte importante dela. Tempo dedicado, atenção, capacidade de priorizar e de estar presente aproveitando de forma consciente esse que é o mais valioso recurso humano que é o tempo, exigem de nós estado de presença e consciência de qualidade. Estar presente faz parte do processo chamado felicidade, pois alimenta em nós o desejo de querer que o tempo bem vivido não termine nunca, o que, sabemos, é impossível, dada a impermanência da vida.

Essa talvez seja a maior comprovação de que a felicidade real é um processo. Um processo que é percebido conforme o empenho que dedicamos a ele no agora, já que o amanhã, por mais planejado que seja, sempre será uma aspiração subjetiva, que pode vir ou não a se concretizar. Mobilizamos o tempo e operamos nele para que o amanhã, do jeito que sonhamos, se concretize, ou seja, influenciado ao máximo pela nossa idealização. Boa parte do que somos hoje, por exemplo, resulta das decisões que tomamos há alguns anos, tenham sido elas boas ou más decisões. Reconhecer essa "mágica" do passado recente, que influenciou ou influencia diretamente aquilo que somos hoje, nos possibilita compreender a importância da felicidade como processo. Afinal, ao longo de nossa jornada, as decisões felizes — não no sentido de euforia, mas no do realismo consciente e positivo — costumam ser decisões melhores. No estado presente, no palco no qual se desenrola a vida, cabe-nos então atuar, buscando ser não apenas coadjuvantes da realidade alheia, mas também protagonistas da realidade que desejamos construir ou influenciar. Na prática, isso demanda o estabelecimento de níveis de prioridades, habilidade essencial para a construção gradativa de nossos resultados, o que nos ajuda evitar viver o dilema do pouquinho anterior: o de uma vida com muita iniciativa (ou desejo, ou vontade, ou fé, ou criatividade), porém de pouca execução (ou ação, ou realização, ou inovação, ou obra, ou "acabativa").

Na vida do líder, estabelecer prioridades ajuda no relacionamento com seus influenciados, favorecendo a construção de ambientes mais transparentes e decisões mais assertivas.

O alinhamento de expectativas, nesse processo, também é de extrema importância. Isso evita descompasso entre o trabalho que chega e o trabalho que sai, ajudando a manter o tempo certo e necessário para a execução de cada tarefa, em cada mão pela qual ela tenha de passar. Na vida pessoal, segue-se o mesmo princípio: não dá para iniciar uma nova fase sem antes ter concluído a anterior.

No necessário — e, muitas vezes, doloroso — exercício de priorizar, é essencial estabelecer os níveis de importância, urgência e real necessidade para cada uma de nossas atividades. Também é preciso reconhecer — e aqui entra a dor — que cada decisão em relação ao uso do tempo vai implicar uma ou mais renúncias.

A importância do tempo de qualidade é melhor percebida nos extremos da falta e da sobra. Nós, que somos contemporâneos à maior paralisação global dos últimos tempos, vivemos este dilema de forma bastante contundente. Até determinado momento, vivíamos uma aceleração pautada pela superficialidade dos atos e das relações, onde o melhor resultado consistia apenas na quantidade. Em poucos dias, ainda acelerados, nos vimos obrigados a parar, frente uma situação incontrolável e para a qual nunca havíamos nos preparado, se é que existe preparação para isso. De um momento para outro, aquilo que conhecíamos superficialmente como Mundo VUCA - volátil, incerto, complexo e ambíguo

NO **PALCO** ONDE SE DESENROLA A **VIDA** CABE-NOS ENTÃO **ATUAR**, BUSCANDO SERMOS **PROTAGONISTAS** DA **REALIDADE** QUE **DESEJAMOS** CONSTRUIR.

@ eduzugaib

– manifestou-se com toda sua força, interrompendo a aceleração e nos colocando em modo de pausa durante algumas semanas, o que para muitos representou uma tortura bastante violenta.

De repente, o tempo que era escasso torna-se abundante. As relações que eram importantes – entre elas as do trabalho – entram num compasso de espera e tornam-se frágeis, sujeitas à variáveis completamente incontroláveis, sobre as quais nos restou – enquanto indivíduos e coletividade – tentar manter um mínimo de influência, já conscientes de que as perdas seriam grandes e inevitáveis. Ao perdermos o controle do tempo, assumimos a consciência de uma produtividade mais relacionada à qualidade do tempo empenhado e à profundidade das relações, e não apenas à quantidade e às metas, todas moídas neste processo.

De repente, da vida conduzida num tempo escasso, superficial e em velocidade, fracionado entre inúmeras atividades trombando-se freneticamente ao longo do dia, veio a freada brusca. A pandemia fez com que todos chocássemos nossas convicções e crenças violentamente no para-brisas da nova realidade. E muitos de nós, sem nos darmos conta, estávamos sem o cinto de segurança do autoconhecimento, lastreado nos únicos valores perenes em tempos de profundas mudanças, boa parte deles representados pelos 'pouquinhos' que compõem o Plano de trabalho para toda vida.

Ao mesmo tempo em que essa mudança nos atordoou, ela trouxe um efeito colateral positivo: o resgate da profundidade, do apreço, da importância da presença e de tudo aquilo que nos torna verdadeiramente humanos produtivos. Desde então, passamos a engatinhar numa nova educação em relação ao tempo, tão logo percebemos que estávamos permitindo com que a vida passasse por nós, sem estarmos passando pela vida.

O senso comum da produtividade costumeiramente afirma que o tempo voa. Nesse caso, é preciso assumir logo o seu lugar de piloto. Dure quanto tempo durar esse voo, seja ele um voo tranquilo, de cruzeiro, ou um voo turbulento. Estar presente, com o pensar-sentir-agir alinhados, tira a neutralidade do tempo e possibilita que ele jogue ao nosso favor, ampliando a produtividade e agregando a ela não apenas o conceito de quantidade versus tempo, mas também o de qualidade versus tempo, algo que se conquista apenas quando nos permitimos estar presente plenamente em nossas tarefas na zona de impacto do agora, deixando um pouco de lado a angústia pelo passado e a ansiedade pelo futuro.

Esse estado de presença consciente impacta diretamente o nosso foco e distorce a própria percepção do tempo do relógio, tornando-o "infinito enquanto dure", tal qual afirmou Vinícius de Moraes em seu Soneto de Fidelidade. À nossa fidelidade ao processo chamado felicidade, dá-se o nome de produtividade.

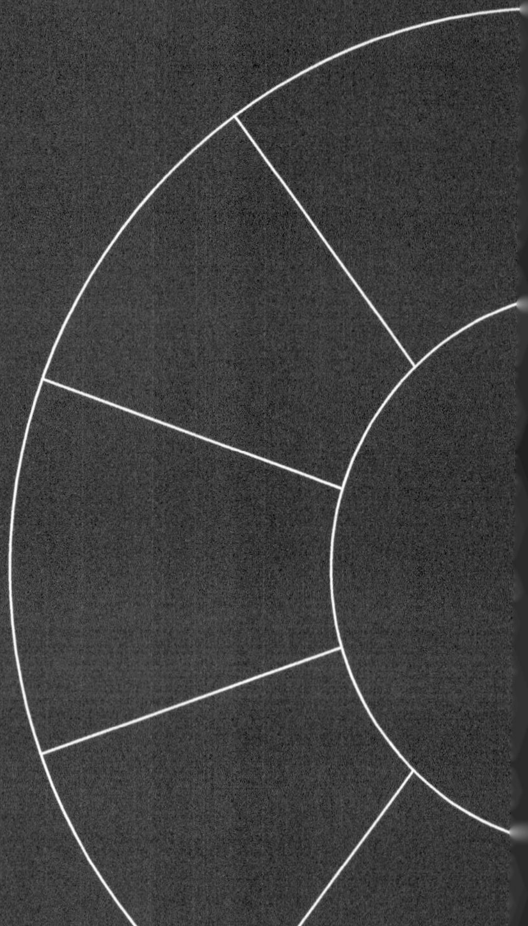

9

DESAFIE-SE UM POUCO MAIS A CADA DIA.
O NOME DISSO É
SUPERAÇÃO

"Quem tem um porquê, enfrenta qualquer como"
Viktor Frankl

Não há superação se não houver consciência do ponto exato em que nos encontramos, com todas as nossas fortalezas e vulnerabilidades, tanto físicas quanto emocionais e espirituais. Transformar potência em ato, segundo São Tomás de Aquino, é o que explica todas as mudanças que ocorrem nos seres.

A consciência, quando interagindo em um ambiente de comunicação e relações verdadeiras, possibilita a visualização lúcida dos próximos passos e conexões no sentido de nossas realizações.

No processo consciente da superação cotidiana é preciso ter claro o propósito que nos move, que nos impregna de felicidade genuína durante o processo. Ele nos ajuda frente ao triplo questionamento cujas respostas criam significado para nossos atos e nossas vidas: Por quê? Para quê? Por quem?

Propósito é a porta que une duas salas que contêm mundos distintos, porém interrelacionados, os quais pisamos simultaneamente, todos os dias de nossas vidas.

Diariamente pisamos um mundo que está acabando, presente na sala que contém a nossa história. Em suas paredes estão expostos todos os quadros positivos e negativos de nossa vida já vivida, aquilo que já está consumado: vitórias e derrotas, vergonhas e orgulhos, perdas e ganhos, alegrias e tristezas, entre outras tantas dualidades que, no dia de hoje, ajudam a explicar quem somos. O quanto nos permitimos expor a nós mesmos a esses quadros — e nos acostumarmos a eles —, por mais que representem vulnerabilidades ou tristezas, é a medida do quanto nos permitimos ser indivíduos conscientes, com lucidez para dar um passo verdadeiro — e não puramente catártico — no sentido da superação.

Temos, então, do outro lado da porta, um mundo que está nascendo. Nele, algumas paredes ainda estão em fase de acabamento, outras, com os tijolos nus aparentes. Essa sala contém a construção do nosso legado intencional e consciente, bem como o tempo/espaço mais próximo de nós, para que seja dado o próximo passo em direção a ele. Estão representados pelos poucos quadros que estão afixados nas paredes mais próximas à porta, já acabadas em sua alvenaria, porém ainda cheirando à tinta fresca.

Pessoas de alta efetividade compreendem que, para a construção de uma vida com senso de realização, é preciso manter aberta essa porta, estruturando as decisões tanto nos valores presentes na sala da história quanto na projeção e no desejo presentes na sala do futuro.

Pela porta do propósito, circula o oxigênio que cria condições para uma vida plena de paz que, conforme definiu

Baruch Espinoza (1632-1677), não se trata de uma vida com "ausência de guerra" (ou problemas, ou conflitos, ou dores, ou tudo aquilo que nos desafia como humanos, impulsionando-nos para a régua mais baixa dos nossos atos que é nosso instinto). Para ele, a paz seria "uma virtude, um estado de espírito, uma disposição para a bondade, a confiança, a justiça", ou seja, uma vida na qual a felicidade se estabeleça como processo, não como evento.

O desejo do autoconhecimento e a busca contínua pela superação, não apenas de nós mesmos e dos traços negativos que vamos deixando para trás, mas também dos dilemas e adversidades que encontramos durante a jornada, são o que nos permite passar a todo instante de uma sala a outra, tomando o cuidado de não permanecermos tempo excessivo dentro de apenas uma delas.

Quando permanecemos muito tempo na sala da história, entre os fatos críticos que não podemos mais mudar, tendemos a uma vida melancólica, angustiante. Já o tempo demasiado na sala do legado, muito distante da porta, nos confere uma vida ansiosa, pontuada por expectativas distorcidas.

A porta do propósito precisa permanecer aberta, ampliando a conexão entre esses dois mundos, na busca da influência positiva em cada um deles para a melhor consolidação das nossas realizações.

Lideranças efetivas sabem que, além de a si próprias, é preciso conduzir seus liderados na compreensão do propósito de cada um, ajudando-os na construção de relações mais positivas entre seu passado e futuro.

A **PORTA** DO **PROPÓSITO** DEVE PERMANECER **ABERTA**, MANTENDO A **PASSAGEM** LIVRE ENTRE DUAS IMPORTANTES 'SALAS': A DA **NOSSA HISTÓRIA** E A DO **NOSSO LEGADO**.

@ eduzugaib

Assim, o líder estimula cada um a apropriar-se da própria história e tornar-se protagonista do próprio legado, independentemente do seu nível de maturidade. No processo de superação, a presença e a referência de figuras de liderança de valor nos ajudam em nosso próprio amadurecimento, e várias delas, que já fizeram parte de nossas vidas, ocupam espaço na sala de nossa história.

Líderes com propósito constroem equipes com propósito, estimulando o engajamento e a congruência de valores, bem como identificando e conduzindo para outros caminhos aqueles que não compartilham dessa congruência, na consciência de que esse conflito não só reside entre valores bons ou ruins, mas entre valores que são diferentes, mesmo que ambos positivos.

Times com propósito superam as próprias limitações a cada novo dia. Eles vivem um exercício contínuo de aprendizado e melhoria, ajudando a construir uma organização capaz de tirar os princípios de missão, visão e valores do papel e trazê-los para a prática percebida, entregues ao mundo na forma de experiências e impactos positivos e geradores de valor para o mundo.

Na fração mínima disso tudo estão o indivíduo e o compromisso que estabelece consigo mesmo. Sendo um compromisso pautado por um propósito claro, movido pela superação, revigorado pela felicidade consciente do ser-pensar-sentir-agir, ele ajuda a tornar o mundo menos hostil, mais verdadeiro, ético e valoroso para se viver.

Assumir-se como parte da construção do mundo que desejamos implica esse exercício de melhoria permanente que é empreendido a cada novo ciclo de nossas vidas.

Desafiar-se continuamente a cada novo dia é o nome dessa atitude que também contribui na transformação da felicidade em um processo: o pouquinho da superação.

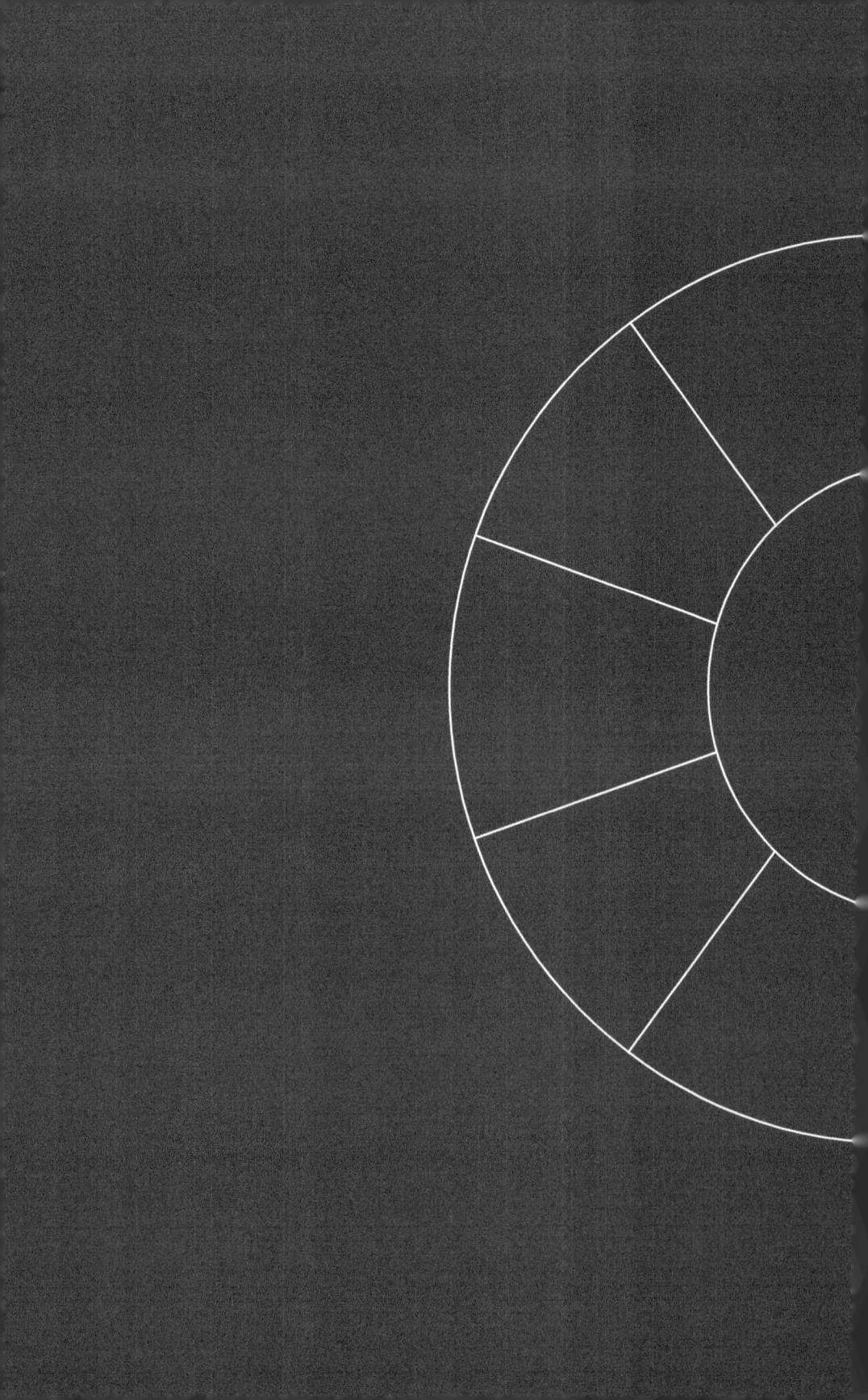

10

PARA TODO *GAME OVER*, EXISTE UM *PLAY AGAIN*. O NOME DISSO É **VIDA**

"Nada estará perdido enquanto
estivermos em busca"
Santo Agostinho

Caminhamos para o último "pouquinho" do *Plano de trabalho para toda vida*, filosofia prática para o cotidiano, que propõe a consciência da felicidade como um processo, não como evento.

Ele trata daquilo que mais se aproxima da felicidade enquanto processo: o nosso propósito.

Quando a vida ganha propósito, nossas ações passam a ter significado, e o trabalho abandona o peso que normalmente atribuímos a ele.

Nossas relações se tornam mais legítimas e verdadeiras, já que buscamos naturalmente a presença de pessoas e ambientes que nos fortaleçam em nossa jornada, desapegando de pessoas ou ambientes que nos entristecem, quando não fisicamente, por meio da redução da importância que atribuímos a eles, num exercício consciente de ressignificação.

A finalidade que atribuímos a nós mesmos e os nossos atos passam a ser partes naturais de nós, intrínsecos e alinhados à nossa essência e aos nossos valores.

Por isso, eles se manifestam não apenas nas chamadas horas úteis do dia, nos horários que estabelecemos em contratos que assinamos. Finalidade e atos permanecem presentes em qualquer hora e em qualquer lugar, norteando a nossa forma de perceber, sentir, ouvir, tatear e inspirar o mundo.

Uma vida com propósito, fortalecida pela felicidade-processo, nos possibilita perceber a evolução que empreendemos desde nossa tomada de consciência, identificando os ciclos que vão se acumulando e que vão sendo, gradativamente, acomodados na sala da nossa história.

O fim de um ciclo sempre implica o início de outro, e, sucessivamente, todos carregam em si o crescimento e a aprendizagem obtidos no ciclo anterior, desde que se permitam uma vida na qual o aprendizado seja contínuo e se percebam sempre em versão beta, passíveis continuamente de refinamento.

Abertos ao aprendizado contínuo, passamos a constatar e a viver um saudável paradoxo, representado pelas infinitas possibilidades que cabem dentro da finitude da vida. É quando a felicidade, enquanto processo, é absorvida plenamente pelo nosso ser, tornando-se parte inconsciente de nós e, por isso mesmo, passando a se revelar de forma natural, tendo como indicativo exterior o brilho que passamos a emitir através dos olhos.

Uma dinâmica que nos prepara para recomeços e desafios cada vez maiores, na consciência de que não é a vida que se tornou mais fácil, e sim nós que nos tornamos mais fortes.

Quando a consciência se amplia a ponto de percebermos tais ciclos, gradativamente se atinge o invejável status das pessoas que parecem divertir-se enquanto trabalham, e que nem por isso deixam de apresentar resultados consistentes. Uma vida em que o pesar é substituído pela leveza de espírito, mesmo frente aos pesados dilemas ou aos inevitáveis aborrecimentos, revezes ou tragédias que despontam ao longo da jornada humana.

Chegamos então àquilo que à época de Aristóteles (384-322 a.C.) chamavam de *eudaimonia*: atingir o potencial pleno de realização de cada um.

Para Aristóteles, a felicidade é a meta da vida humana. Justamente por isso, precisa ser trabalhada todos os dias, e não apenas como um estado de paz eterna, seja ele decorrente da vida que se encerra, com toda a metafísica que cada um supõe, seja quando se atinge um estado de abundância material e escassez de problemas.

Daí a necessidade de se estabelecer um modelo filosófico, uma rotina de virtudes — ou princípios, ou valores, ou atitudes — como as que estão reunidas neste *Plano de trabalho para toda vida*.

Longe de essa proposta conter em si a pretensão de ser um modelo absoluto: sua principal missão é proporcionar à pessoa comum — nós — a possibilidade de organizar pensamentos e sentimentos para que, a partir da clareza deles e da relação de cada um com o processo chamado felicidade, possa colocá-lo em prática por meio de atitudes que o tornem mais aparente, aquelas que aqui tratamos como os "dez pouquinhos".

O **BRILHO** DOS **OLHOS** É O MELHOR **INDICADOR** DE QUE A **FELICIDADE** ENQUANTO PROCESSO TORNOU-SE **PARTE DE NÓS**, REVELANDO-NOS AO **MUNDO** DE FORMA MAIS **AUTÊNTICA**.

@eduzugaib

Para Aristóteles, as atitudes amigáveis e a boa vontade que ofertamos a alguém, por exemplo, não devem possuir a finalidade de agradar a essa pessoa, mas, sim, de desenvolver em nós a nossa própria *eudaimonia*.

Assim, a felicidade segundo Aristóteles se espelha não naquilo que se conquista, mas no que cada pessoa faz de si e da própria vida, transformando-a em um processo contínuo de virtude e tendo como consequência natural fazer aquilo que vale a pena ser feito, viver o que vale a pena ser vivido, viver aquilo que se acredita.

Ter propósito é viver aquilo que se acredita, instaurando a motivação em seu devido lugar: o lugar de causa, não de efeito. Quando aquilo que nos move são apenas efeitos, sujeitamos nossa felicidade à ocorrência de fatos que até desejamos, porém muitos deles estão expostos a fatores sobre os quais não possuímos nenhum tipo de influência. Logo, podem vir a se consolidar... ou não!

Portanto, quando a motivação — ou felicidade, ou propósito — não passa de efeito, corremos o risco de, por alguma razão, simplesmente nunca conhecê-la.

Já quando encaramos a motivação como causa, mudamos um pouco a ordem das coisas e passamos a viver o processo, buscando excelência, plenitude — tesão mesmo —, em tudo aquilo que realizamos, transformando dias comuns — aqueles intervalos que vivemos entre nossas celebrações ou tragédias — em dias extraordinários.

É a felicidade que alimentamos nesses dias de processo que nos ajuda a tornar o prazer temporal das celebrações ainda maior e o manejo de nossas tragédias mais resiliente, já que a vida se sustenta em tijolos diários — ou atitudes, ou virtudes, ou valores, ou "pouquinhos" — consistentes.

Ao longo da história, o pensamento filosófico sempre se debruçou na busca de maior sabedoria, no sentido da compreensão da felicidade enquanto processo.

John Locke (1632-1704) defendia a ideia de que "a mente humana é uma tábula rasa quando o indivíduo nasce", e que "todo conhecimento é desenvolvido ao longo da vida por meio da experiência sensorial e da reflexão de cada um". Logo, a felicidade se constrói por meio do processo de se viver uma vida, de assumir a consciência sobre o que se viveu e como se viveu, posicionando-se positivamente antes dos dias a serem vividos.

Bertrand Russell (1872-1970) joga luz sobre o fato de certos desejos não se cumprirem e do quanto estamos sujeitos a isso, compreendendo que até mesmo a perda — ou a não conquista — é parte do processo. Segundo Russell, "não possuir algumas das coisas que desejamos é parte indispensável da felicidade".

Jean-Paul Sartre (1905-1980) também dá pistas sobre o processo da felicidade quando afirma que "o homem primeiramente existe, se descobre, surge no mundo e só depois se define. A existência precede a essência. Por isso o homem é responsável por aquilo que é". O "ser", seja o tempo que for, é onde habita o processo.

Da transformação da felicidade em um processo conquistamos parte valiosa da nossa resiliência, pois assumimos em nossa essência que, para atingir o que desejamos e consolidar nossas conquistas, um estado contínuo de motivação — que podemos tranquilamente substituir pela palavra "autoliderança" — é o que nos faz seguir adiante, mesmo quando dificuldades e perdas surgem pelo caminho.

E, caso não consigamos atingir nossos objetivos como gostaríamos, definimos novos destinos, ajustamos as velas e seguimos em frente, mantendo o emocional preenchido pela felicidade-processo.

Quando corrigimos esse descompasso, o trabalho ganha significado. E passa a ser realizado pelo sentido que ele provoca em nós, não mais só pela obrigação assumida.

Esse sentido está, em geral, relacionado à construção do nosso legado, como descrito em algum dos pouquinhos que abordamos anteriormente.

Dos fatores que ajudam a compor o nosso propósito, que é o que nos torna infinitos em nós mesmos, proporcionando ciclos contínuos de evolução, podemos citar inicialmente as nossas habilidades.

Elas tratam do "saber fazer", seja ele o técnico ou o comportamental; aquilo que um dia incorporamos em nossas vidas por meio de um aprendizado acadêmico, prático ou circunstancial.

Também entram nessa conta os nossos modelos, pessoas do nosso convívio ou figuras de inspiração que reconhecemos como geradoras de bons resultados, buscando compreender e repetir sua performance dentro do nosso contexto.

A nossa paixão, representada pelos níveis de presença, envolvimento e energia que empenhamos na entrega do nosso trabalho, é o terceiro fator que ajuda a dar forma ao nosso propósito. Ou seja: o processo da felicidade em seu estado puro.

Em seguida estão os nossos valores, a parte que nos norteia e nos ajuda a tomar posição com firmeza e decisões conscientes diante dos dilemas éticos, assédios e corrupções do dia a dia, situações recorrentes sobretudo em momentos de crise, como as que vivemos atualmente.

Quando tornamos congruentes as nossas habilidades, nossos modelos, nossa paixão e nossos valores, conhecemos de forma prática o que significa uma vida com mais propósito. Ou, melhor, passamos a compreender e a viver a felicidade como processo.

E passamos a responder naturalmente "por que", "para que" e "por quem" fazemos aquilo que fazemos.

Assim, percebemos que, durante a nossa jornada, cada *game over* representa sempre a possibilidade de um *play again*. Cada final representa a chance de um novo começo, tal qual sugeriu Albert Camus (1913-1960) ao afirmar que, "no meio do inverno, aprendi que existia em mim um invencível verão", a chance de recomeçar sempre a partir do que consolidamos no hoje e da história consciente e lúcida vivida até ontem.

Que o *Plano de trabalho para toda vida*, essa pequena e intensa trilha de atitudes que nasceu da metodologia Revolução do Pouquinho, ajude-o a refletir de forma mais consciente sobre este jogo que jogamos intensamente, muitas vezes sem compreender direito sua dinâmica e suas fases, ao qual simplesmente damos o nome de vida.

Um jogo no qual discernir sobre o que é evento e o que é processo pode fazer uma grande diferença na construção daquilo que conhecemos por felicidade.

Que a felicidade enquanto processo lhe proporcione a alegria e o prazer das conquistas.

Eduardo Zugaib

Plano de Trabalho para Toda Vida®

A Revolução do Pouquinho®

Eduardo Zugaib

@eduzugaib

01 — Faça o que é certo, não o que é fácil. O nome disso é **ÉTICA**.

02 — Para realizar coisas grandes, comece pequeno. O nome disso é **PLANEJAMENTO**.

03 — Aprenda a dizer 'não'. O nome disso é **FOCO**.

04 — Parou de ventar? Comece a remar. O nome disso é **GARRA**.

05 — Não tenha medo de errar nem de rir dos seus erros. O nome disso é **CRIATIVIDADE**.

06 — Sua melhor desculpa não pode ser mais forte que seu desejo. O nome disso é **VONTADE**.

07 — Não basta ter iniciativa. Também é preciso ter *acabativa*. O nome disso é **EFETIVIDADE**.

08 — Se você acha que o tempo voa, trate de ser o piloto. O nome disso é **PRODUTIVIDADE**.

09 — Desafie-se um pouco mais a cada dia. O nome disso é **SUPERAÇÃO**.

10 — Para todo *Game Over* existe um *Play Again*. O nome disso é **VIDA**.

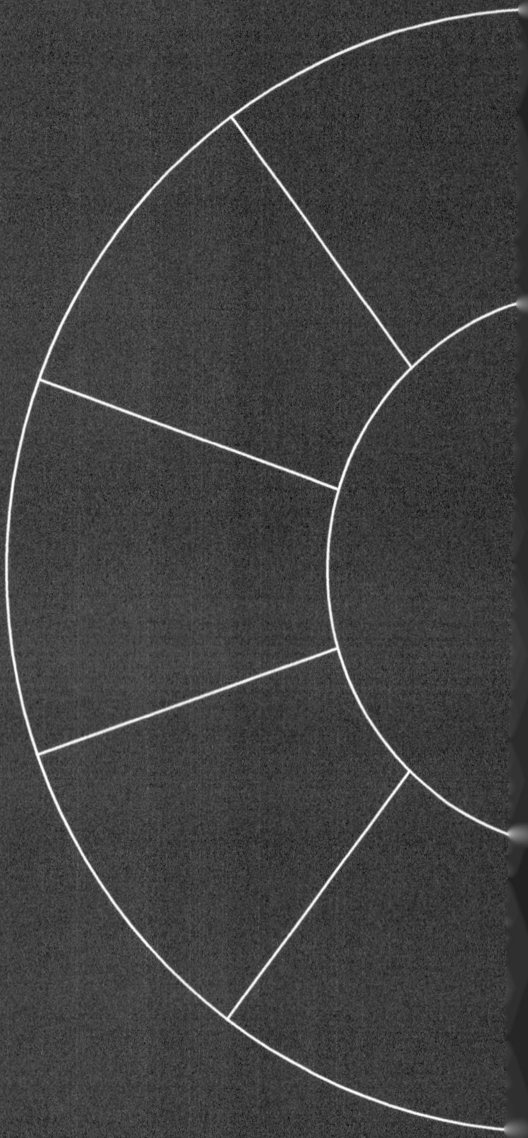

EPÍLOGO

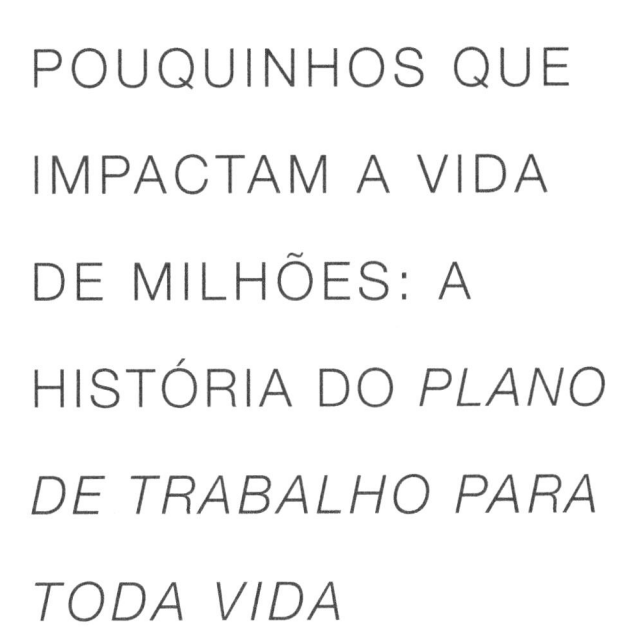

POUQUINHOS QUE IMPACTAM A VIDA DE MILHÕES: A HISTÓRIA DO *PLANO DE TRABALHO PARA TODA VIDA*

Como profissional de desenvolvimento humano e, acima de tudo, educador, desejo que o conhecimento que faz bem, que transforma e que impacta positivamente as pessoas seja compartilhado em grande escala, mesmo não tendo a autoria identificada em boa parte das versões que circulam por aí.

Movido pelo espírito puro da maioria das pessoas, que implica o compartilhamento de "coisas boas", o *Plano de trabalho para toda vida* é passado adiante diariamente, milhares de vezes, de forma tão espontânea quanto foi recebido, multiplicando-o num volume impossível de ser rastreado até mesmo pelos principais mecanismos de busca e seus potentes algoritmos.

Tamanha circulação, no senso comum, induz muitos que o recebem e compartilham a uma equivocada conclusão: a de que, como tantos outros conteúdos que circulam pela internet e aplicativos de mensagens, não há um autor responsável.

Da movimentação que teve início em janeiro de 2016, quando as primeiras viralizações em massa e já sem o crédito autoral passaram a circular em grande escala, milhões de pessoas foram de alguma forma impactadas pela versão resumida dessa mensagem, aquela que consta no gráfico com "dez pouquinhos". Se por um lado tamanho volume significa que muita gente se inspira e passa adiante a mensagem, por outro acaba dando margem a equívocos de interpretação, principalmente por parte de algumas empresas e profissionais liberais — coachs, terapeutas, psicólogos, consultores, treinadores etc. —, que, na não identificação imediata de sua autoria, buscam beneficiar-se comercialmente do *Plano*, associando suas marcas de maneira não autorizada e gerando diversas formas de lucro a partir dele.

Questionar essa movimentação macro e os efeitos colaterais que derivam dela é o mesmo que enxugar gelo. A pessoa comum, por inocência e na melhor das intenções, compartilha. Na massa, sempre haverá aqueles que tentam tirar proveito próprio, mostrando incongruência de valores — algo de que falamos bastante aqui no livro —, especialmente no que diz respeito ao primeiro "pouquinho": faça o que é certo, não o que é fácil.

Tempos líquidos, de informação abundante, requerem de nós um comportamento que vai além da busca pelo conhecimento e passa, obrigatoriamente pela curadoria, possibilitando-nos selecionar e conectar às nossas vidas tudo aquilo que faça sentido, que promova algum tipo de aprendizado e, sobretudo, que possua algum lastro nesse oceano de informação.

Sinto-me gratificado com o fato de que, mesmo não sendo creditado em boa parte das versões que circulam por aí, o conteúdo que um dia produzi impactou, e ainda impactará, milhões de pessoas ao redor do mundo. É uma grande honra saber que, a cada novo dia, a Revolução do Pouquinho ganha importância e influencia muitas vidas por meio do *Plano de trabalho para toda vida*, tornando-se — ainda bem — muito maior que seu próprio autor.

São pessoas e mais pessoas organizando seus pensamentos e sentimentos a partir desse pequeno tratado de filosofia de vida, que carrega em si um conteúdo para ser visto e revisto, oferecendo um alerta diário sobre práticas que ajudam na construção de uma felicidade que contamine todo o processo, e não apenas apareça durante os eventos.

Como escrevi no início deste livro, não tenho a pretensão de impactar o final da sua história, pois ela está, e sempre estará, sujeita a variáveis incontroláveis, dada a impermanência da vida.

Mas asseguro que, ao conhecer, refletir, praticar e monitorar cada atitude do *Plano de trabalho para toda vida*, a caminhada pode se tornar mais leve, organizada, segura e, sobretudo, plena de significado e de sentido.

É possível que aí já esteja uma parcela daquilo que pretendo deixar como legado, a partir da plena realização do meu propósito pessoal, que se reflete também na missão da minha empresa: POR MEIO DE HISTÓRIAS, INSPIRAR PESSOAS A TRANSFORMAREM SUA PRÓPRIA HISTÓRIA.

Que esta versão mais aprofundada do *Plano de trabalho para toda vida* possa provocar uma profunda reflexão sobre princípios e valores essenciais. E que seja compartilhada não apenas como conteúdo, mas, em especial, na forma de atitudes.

Despeço-me desejando a você uma vida plena de consciência, verdade e felicidade.

Até a próxima!

Eduardo Zugaib

Inscreva-se na minha página para acompanhar vídeos, podcasts e artigos da Academia da Atitude:
www.eduardozugaib.com.br
www.youtube.com/eduardozugaib

Vídeo do *Plano de trabalho* para inspirar você, disponível no canal da Academia da Atitude no YouTube, para você assistir e compartilhar.
https://www.youtube.com/watch?v=z2mTaYqloLI

O *Plano de trabalho para toda vida* é de autoria do escritor e palestrante Eduardo Zugaib, e seu conteúdo e marca são registrados pela Academia da Atitude® Escola de Protagonismo.

Faça o que é certo: ao compartilhar, preserve o crédito autoral.

SOBRE O AUTOR

EDUARDO ZUGAIB é profissional de comunicação e desenvolvimento de performance para lideranças, escritor e palestrante em nível nacional, *head & heart* da Academia da Atitude® Escola de Protagonismo, com formações em comunicação social, publicidade e propaganda, marketing, estilo de gestão e liderança, gestão de pessoas, coaching para lideranças e filosofia.

Lecionou em cursos de graduação e pós-graduação em universidades do interior paulista, em disciplinas relacionadas à comunicação, marketing e criatividade.

Vencedor do Prêmio Biblioteca Mário de Andrade de Literatura (2004), sobre o aniversário de 450 anos da cidade de São Paulo, com a crônica *Gotham Sampa City*, que se desdobraria no livro homônimo, finalista da categoria juvenil do Prêmio Jabuti 2007.

Entre seus livros estão o best-seller *A Revolução do Pouquinho: pequenas atitudes provocam grandes transformações* (2014), *O fantástico significado da palavra significado* (2016) e *Humor de segunda a sexta* (2018). Neles, trata de questões fundamentais para o desenvolvimento do mindset de lideranças, com foco na influenciação positiva e humanizada de liderados, na disciplina de execução e na construção de equipes e organizações com mais propósito, protagonismo e performance.

Consultor de comportamento para a grande mídia, como Rede Globo de Televisão, Rede Record e suas afiliadas.

Palestrante em nível nacional, atende a organizações privadas e públicas. Convidado frequente de eventos de gestão de pessoas e liderança empreendedora: Conarh, CBTD, Fórum de Líderes ABTD, Encontros Regionais da ABRH e Feira do Empreendedorismo do Sebrae. Entre seus clientes estão organizações dos segmentos financeiro B2B e B2C, agronegócio, varejo, pesquisa e desenvolvimento, cooperativo, cosmético, automobilístico, telecomunicações, de serviços, securitário, de gestão pública, entre outros.

Pela sua didática e abordagem prática de questões complexas e de grande profundidade, tem falado também para educadores nos mais diversos contextos regionais do país, em jornadas pedagógicas, congressos, simpósios de educação, semanas de planejamento, integrações docentes e aulas inaugurais, entre outras ações presenciais e a distância, sempre alinhado ao propósito de, por meio de histórias, inspirar pessoas a transformarem sua própria história.

OUTROS LIVROS DO AUTOR:

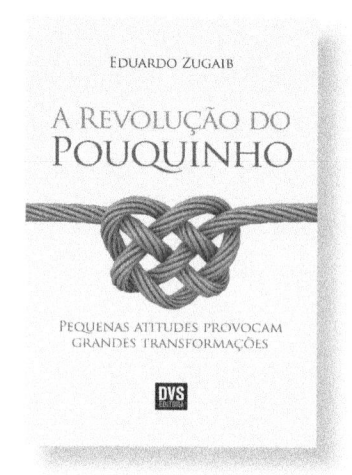

A Revolução do Pouquinho

Humor de Segunda a Sexta

O Fantástico Significado da Palavra Significado

DVS EDITORA

www.dvseditora.com.br